中国校本教研与校本课程数字出版平台
中国校本教研网 www.schooledu.com.cn
◎特别推荐◎

教育中的“不一定”

打破教育的19种思维惯式

严育洪/著

江苏教育出版社

图书在版编目（CIP）数据

教育中的"不一定"：打破教育的19种思维惯式/严育洪著. —南京：江苏凤凰教育出版社，2013.9（2022.10 重印）

ISBN 978-7-5499-3354-9

Ⅰ.①教… Ⅱ.①严… Ⅲ.①中学—教学研究 Ⅳ.①G632.0

中国版本图书馆 CIP 数据核字（2013）第 199805 号

书　　名	教育中的"不一定"：打破教育的19种思维惯式
作　　者	严育洪
责任编辑	林　琬　任占弟
出版发行	江苏凤凰教育出版社（南京市湖南路1号A楼　邮编 210009）
苏教网址	http：//www.1088.com.cn
照　　排	润星之源文化有限公司
印　　刷	三河市明华印务有限公司
厂　　址	三河市杨庄镇周庄子村
开　　本	787毫米×1092毫米　1/16
印　　张	14.5
字　　数	195千字
版　　次	2013年9月第1版　2022年10月第3次印刷
书　　号	ISBN 978-7-5499-3354-9
定　　价	45.00元
网店地址	http：//jsfhjycbs.tmall.com
邮购电话	025-85406265，85400774　短信　02585420909
E - mail	jsep@vip.163.com
盗版举报	025-83658579

前　　言

曾经在《新民晚报》上读到过这样一篇《饥，不择食》的文章，这标题不是一个成语吗？记得《水浒传》中鲁提辖拳打镇关西后开溜，便曾用到过它，后面还跟着一串：寒不择衣、慌不择路、贫不择妻。可现在，它怎么多了一个逗号呢？

读了文章方才知道，原来作者谈的是养生经验。文章总结了两条：一是“饥”，即要有一点饥饿感，每顿七分饱即可，不要放纵自己的嘴巴；二是“不择食”，即不偏食，荤素搭配，品种丰富，保持营养均衡。

这样把成语一分为二的取题方法，真是夺人眼球，妙不可言。作者说的本是一般人都知道的生活常识，因为用了“饥，不择食”这样一个标题，顿时显得新鲜而且风趣。

我不禁想到了一个类似的例子。抗日战争胜利后，周恩来代表中共中央在南京与国民党谈判。当时，蒋介石政府一心想内战，经常破坏会场气氛。在一次谈判处于僵持状态时，蒋方谈判代表又公然挑衅，说与我方谈判简直是“对牛弹琴”。周恩来听了十分气愤，但当着那么多中外记者的面，自是不便发作。他镇定地面对挑衅者，用充满自信的语气说道：“对，牛弹琴！”会场里发出会心的笑声。周恩来运用自己的语言智慧，让挑衅者搬起石头砸了自己的脚。第二天，许多报纸竞相报道这一谈判“花絮”，弄得蒋方十分狼狈。

这种巧点妙断的修辞手法，其实也不限于成语，高手往往能于偶然得之，收到意想不到的表达效果。张伯苓先生也有一经典“案例”。张先生是我国著名的教育家，中日甲午战争后，他便主张教育救国，一心一意办学，是天津南开学校的创始人。1937年抗日战争爆发，日本人的飞机狂轰滥炸，南开的校舍成了瓦砾场，图书馆也被夷为平地。面对着一地狼藉，有人发出了无奈的感慨：“南开成了难开。”张伯苓先生听到后，却依然对前途充满信心。他说：“难开？那要加一个标点：难？开！”“难”是事实，“开”是决心。一个标点，让我们看到了一代教育家信仰的坚定和意志的顽强。

文字是有灵性的。古人早就说过：“运用之妙，存乎一心。”许多四字成语，如果一分为二，我们便会发现它们在造词上有着一种内在的结构：有的成语的前半段表示条件，后半段则表示成效，例如，“多多益善”，“多多”可以看作条件，“益善”可以看作成效，又如“熟能生巧”，“熟能”可以看作条件，“生巧”可以看作成效；有的成语的前半段表示渠道，后半段则表示获知，例如，“眼见为实”，“眼见”可以看作渠道，“为实”可以看作获知，又如“一叶知秋”，“一叶”可以看作渠道，“知秋”可以看作获知；有的成语的前半段表示对象，后半段则表示举措，例如，“快马加鞭”，“快马”可以看作对象，“加鞭”可以看作举措，又如“公事公办”，“公事”可以看作对象，“公办”可以看作举措；有的成语的前半段表示行为，后半段则表示结果，例如，“玩物丧志”，“玩物”可以看作行为，“丧志”可以看作结果，又如“对答如流”，“对答”可以看作行为，“如流”可以看作结果……

当我们在这些分成两段的成语中再嵌入“不一定”一词后，现在的语意就与原来的词意发生了变化，给了我们重新看待问题的新视角和思考问题的新材料。许多情况下，这些添加“不一定”后的成语不再是一成不变的“成”语，而成了一种已经被赋予活性成分的“陈”语，让我们对一些陈旧的思想观点有了一种辩证的认识。

可以说，辩证思维是处理复杂事情和解决复杂问题的有效途径。而教育就是这样一种复杂的事情，充斥着许许多多复杂的问题，对此，我们不能总是用不变的教育眼光去看待多变的教育现象，也不能总是用不变的教育思路去解决多变的教育问题，而应该学会用辩证的方法去研究教育现象和教育问题。

而本书的编写目的正是通过成语的拆分和添加，赋予成语辩证的意味，然后借题发挥，引用于教育之中，以此揭示教育中一些“不一定”的现象和方法，帮助教师打破原有教育框架的一些成型的教育模式和克服原有教育思维的一些成见，做到不死守教育方法的定式，也不断守教育思维的定式，而能够具体问题具体分析，最终能够左右逢源、进退自如地穿行于纷繁复杂的教育之中。

在编写风格上，本书采用了灵活多样的行文方式，有生活中的教育，有教育中的生活，有叙事中的议论，有议论中的叙事，这种内容的“夹心”组织和形式的“夹杂”手法，为的是让其中的说“理”和说“法”能够生动活泼，最终实现阅读效果的不“夹生”。

尽管想得如此美好，但做起来“不一定”就十分完美，本书的编写一定会夹杂着许多瑕疵，但愿每位读者能够不吝赐教，请把你的意见或建议及时发至我的电子邮箱：13861472533@139. com，以便于本书的修改，谢谢！

严育洪

目　录

原　解

西汉·司马迁《史记·淮阴侯列传》：“上问曰：‘如我能将几何?’信曰：‘陛下不过能将十万。’上曰：‘于君何如?’曰：‘臣多多而益善耳。’”

“多多益善”，意为愈多愈好。

辩　解

01

“多多”不一定“益善”
——对学生的多求未必就能多得

六选一或是二十四选一，猜猜哪一种会让挑选者最开心？尽管我们总是以为选择越多越好，但事实上，少点可选项反而会让人更快乐。

国外一家知名企业做过一个有趣的实验：他们在销售大厅摆放各种不同风味的果酱，有时展示 24 种，有时展示 6 种，然后观察购物者对此变化的反应。实验结果表明：走进销售大厅的购物人数，在展示 24 种果酱时比只摆放 6 种时要高出 50%。可是，当 100 个人走进提供 24 种果酱的销售大厅时，仅有 3%的人购买了果酱；而当 100 个人走进只提供 6 种果酱的销售大厅时，却有 30%的人购买了果酱。

实验结果是主办方始料不及的。那么，这究竟是什么原因呢？心理学家最终揭示出了其中的奥秘：原来，可以选择的数量越多，人们反而越担心自己的选择不是最佳的——此时的大脑已经被太多的“这个那个”弄得“超载”，以致顾此失彼、举棋不定。而选择的数量越有限，人们的心态就越坦然，选择也就变得轻松自然了。

研究者还发现，这一原则对于谷歌搜索也同样适用，每页给出 16 个搜索结果的页面比每页给出 24 个搜索结果的页面更能令搜索者满意。那么，这一原则对于教育教学适用吗？“多多”能对学生“益善”吗？曾经看到这样一则家庭教育“课程表”——

5 岁：孩子，我给你报了少年宫。7 岁：我给你报了奥数班。15 岁：我给你报了重点中学。18 岁：我给你报了高考突击班。23 岁：我给你报考了公务员。32 岁：我给你报了《非诚勿扰》……

这种以爱为名的包办子女人生的“中国式父母”遭到了讨伐。无独有偶，又看到这样两段话语：第一段是一个中国孩子要去英国读高中，其母想陪她一起出国，询问是否有陪读签证。英国领事馆的一位签证官如此作答：“不好意思，我们没有陪读签证。您把孩子送出国，难道不是为了让她学会独立生活吗?”

第二段是一个奔走于各种“培优”班的孩子对爷爷说：“爷爷，我真不想当人才，宁愿做条狗。要当人才，就要不停地被‘培优’。做条狗多好，天天有人宠着哄着，每天可以带出去放风。”

是啊，我们的孩子有时并不是不想独立，而是没有机会锻炼自己的自主能力。在家庭教育中，父母不放心自己的孩子，不让孩子自己能做的事情自己做，导致孩子的生活能力越来越差；在学校教育中，教师不放手自己的学生，不让学生自己能学的知识自己学，导致学生的学习能力同样越来越差。

按理，教师放手让学生自主学习，既解放了学生，又解放了自己，这种双赢的教学何乐而不为呢？其中的缘由，也许是学生自主后，一是教师感觉不自在，当学生有能力的时候，教师就成了被学生遗忘的对象，教师受不了自己“被挤出”的冷清；二是教师感觉不自信，当学生有疑问的时候，教师成了被学生“考问”的对象，教师受不了自己“被盯着”的热情。在这一冷一热之间，教师就很容易“感冒”，要么“发烧”，被学生的生动性活动搞得丢失了自己的阵地，最终出现教师不作为现象；要么“发冷”，被学生的生成性问题打乱了自己的阵脚，最终出现教师难作为现象。可以说，这种学生自主以后可能出现的理不清、收不住的漫游状态对教师的组织能力和知识素质提出了更高的要求，更需要教师随机应变的教育机智。于是，许多教师为了避免这种教学的烦恼，宁可自己牵着学生走，也不愿意被学生牵着自己走。

然而，如今新课程理念又提倡让学生自主学习，要求教师改变教学观念和教学行为，于是，教师的上述烦恼又被演变成了公开课与平常课两张皮的教学怪异状，学生也被训练成了“变色龙”——教师需要怎样的演员，学生就扮演怎样的角色。近日，中国计算机学会资助一批山西吕梁山区优秀的一线教师到北京学习参观。一位老师在参观学习北京几所有名的中小学后，忐忑地对记者说：“我怎么觉得这几所学校的课堂教学方式比我们那儿的还陈旧落后？说是自主课堂、启发式教学，其实只是形式而已，老师其实还是在‘满堂灌’‘一言堂’。”这种应景式的自主课堂或许骗得了领导，但骗不了学生，其实也骗不了同行，还是能让人一眼看出其中的端倪。

陶行知先生在《教育与科学方法》一文中说：“现在的教育有两种，一是如一个新学生坐在洋车上，叫车夫拉着拼命跑几十里路，结果自然是学生逸，车夫苦，但让学生自己再回来恐怕还是不能；二是如一去不坐车，不认识路就问警察，自然是辛苦一点，但走到回来时，包管还能回来的。”第一种情况车夫很累，但学生恐怕还是不认路，也就是说他没有学到东西；第二种情况学生虽然累，但真正学到了东西。那么，要把教育由重“教”变成重“育”，把教学由重“教”变成重“学”，教师是学做“车夫”还是学做“警察”，答案不言而喻，在此，教师学做“警察”至少应该注意以下几个“未必好”。

教师管得太多未必好

我们都知道，教师是班级的管理者。但我认为，教师的管理应该重在“理”字上，一是要用理性的态度看待学生的问题，二是要用疏理的方法处理学生的问题。其中，让学生自己管理自己是教师管理学生的一个好办法。

【案例】学生“小法庭”①

“孙老师，魏子路偷我的苹果！”“孙老师，刘迪不交作业！”“孙老师，某某……”每天我一走进教室，学生就七嘴八舌地告状。等我把这些事情处理完毕，半节课的时间都过去了，教学效率大打折扣。

经过一番思索，我对学生说：“同学们，我不能每节课都解决你们的问题，那样就没法上课了。这样吧，我推举几个同学扮演‘法官’，设立一个‘小法庭’，专门解决你们之间发生的矛盾，好不好？”我又告诉他们，与同学发生了矛盾，如果双方私下主动解决了，就可以不追究他们的“法律责任”，还可以参与“庭审”，发表自己的意见。如果矛盾解决不了，再到小法庭上解决，“原告”“被告”可以陈述自己的理由，最后由“法官”裁决。

几个星期下来，孩子们都愿意把自己的事搬到法庭上说，平时就不告状了。更重要的是，通过这种形式，学生们的口头表达能力提高了。

教师学做“警察”，并不是让教师做“武装警察”，什么都靠自己的权力和威力去管住学生。教师学做“警察”，应是做“交通警察”，在学生思想堵塞时为他们指导解决的渠道，在学生思维迷路时为他们指点前进的方向，从而维护正常的学习纪律和正常的学习秩序。

教师说得太多未必好

美国著名幽默作家马克·吐温有一次在教堂听牧师演讲。最初，

---

① 作者是山东省滨州市高新区青田学校教师孙书国。

他觉得牧师讲得很好，使人感动，准备捐款。过了10分钟，牧师还没有讲完，他有些不耐烦了，决定只捐一些零钱。又过了10分钟，牧师还没有讲完，于是他决定，1分钱也不捐。到牧师终于结束了冗长的演讲，开始募捐时，马克·吐温由于气愤，不仅未捐钱，还从盘子里偷了2元钱。

这个故事告诉我们，刺激过多、过强或作用时间过久，会引起极不耐烦或逆反的心理现象，心理学上称之为“超限效应”。教师说得太多就很容易使学生的学习产生超限效应，让学生烦恼不堪。

例如，一位教师在教学“有余数除法的笔算方法”时，预设学生对于算式结果的书写可能会存在以下两种情况：一是只写商，不写余数；二是将余数当作商。因此，在教学中教师反复追问：“可以不写余数吗？为什么？”“商是几？余数呢？这个算式表示什么意思？”刚开始的例题教学中，学生对这些问题显得兴趣盎然，都把手举得高高的，可是越到后面，尤其是练习中，对于这些问题学生就不再关注，甚至有些学生开始做小动作，和同桌说悄悄话了，最后的作业情况并不理想，老师预计到的错误还是屡屡发生。

在上述案例中，我们可以发现老师具有一定的教学经验，能够从学生的实际出发，精心设计教学活动，希望通过自己的多次提问让学生更好地理解商和余数的意义，减少学生可能出现的典型性错误。但是，在实际教学中，由于老师不厌其烦的讲述与追问，导致学生产生了听觉疲劳。因此，教学中教师需要的是适当的提问与点拨，然后给予充足的时间让学生自己通过多次实践来理解并内化知识。就像油漆工人刷完第一遍油漆后必须给予充足的时间干燥，然后再刷第二次的油漆。如果急于求成一遍接一遍地刷油漆，事后容易干裂、脱落，影响整体效果。

有一个游人向警察问路，第一个警察回答得非常详细，把一路的许多建筑和风景都一一告知，结果游人还是迷路了；后来他又向警察问路，第二个警察只是告知他总体性方向和关键性建筑，结果他很快找到了目的地。由此可见，说的越多未必效果越好，教育教学同样如此。作为教师的你，愿意学做怎样的“警察”呢？

教师帮得太多未必好

我们都知道，学生在安全的环境下学习有利于自由发展，但有时这种无忧无虑的学习状态也可能造成学生的学习缺乏紧迫感和危机感，而导致他们不思进取。儿童心理学研究发现：让孩子长期处于安全环境下，孩子的独立性及智力的发展会日渐迟缓，这可以说是帮了倒忙。

例如，一位教师的班上有几位学生，思维比较活跃，上课时发言特别积极。对于一些较难的两步计算的实际问题只要教师稍加点拨，就能很完整地讲述整个解题过程，经常受到教师的表扬。可是，他们每次练习或考试的质量却不是很好，甚至连一些简单的题目也常常错误百出。怎么会出现这样大的反差呢？

教学的“失败”促使教师认真反思。经过多次观察研究，教师发现：尽管课堂上在教学例题和练习时注重了由扶到放，也让学生经历了完整的解题过程（读题、分析题意、叙述思考过程、列式计算等），但是这种亦步亦趋的教学方式，无形中为学生开辟了登山的台阶，学生循着教师设置的台阶一步步向上攀登，显得比较轻松。而当他们独立作业或考试时，就失去了教师循循善诱的“拐杖”，必须自己寻找解决问题的“落脚点”。这对于长期处于安全状态下的学生来说无疑是难题，他们甚至会感到无所适从，仿佛前面一片黑暗，不知道应该往哪里走。

于是，教师改变了原先的“安全式”教学，教学时在呈现新知识、新问题前，不管内容是简单还是复杂，不管学生是会成功还是会失败，教师总是不急于讲解，而是采用“留白”艺术，放手让学生去想一想、试一试、议一议……每次提问之后，也不急于要答案，留给学生充分的思考时间，让他们有足够的时间去独立思考老师提出的问题。

在一个地铁站，一个残疾人坐的残疾车在下一个台阶时车身发生倾斜，残疾人正在通过身体的变动努力使车身恢复正常。有一位警察并没有上前帮他，而是远远地看着，如果这位残疾人依靠自己的能力无法排除困难，他才出手相助。在教学中，许多教师一看到学生有一点困难，就迫不及待地出手相助，由此可见，教师应该学做这样的"警察"，该出手时才出手。

教师要得太多未必好

在教学中，方法多样化可以充分地展示学生的思想、发挥学生的主体性，所以是值得提倡的。然而，任何事情都有度，如果教师过分追求方法多样化，也会产生超限效应，对学生的学习造成压力和负担，反而让学生感到烦恼。

例如，在教学"加和减"的例题44＋25时，教师让学生小组交流各自的计算方法，比比哪个小组的方法多。学生为了能够找到更多的方法，挖空心思，着实花费了不少时间。交流时方法也是层出不穷：(1）先算44＋5＝49，再算49＋20＝69；（2）先算44＋20＝64，再算64＋5＝69；（3）先算25＋4＝29，再算29＋40＝69；（4）先算25＋40＝65，再算65＋4＝69；(5）先算4＋5＝9，再算40＋20＝60，最后算60＋9＝69。面对这么多方法，教师充分尊重教材的建议，让学生选择自己喜欢的方法来计算。

然而，从学生的实际出发，在短短的几分钟时间内从这么多方法中选择自己喜欢的方法，并用这种方法来计算，可以说是困难的，学生根本无从下手。特别是前面四种方法都是建立在两位数加一位数、整十数的口算方法的基础上的，能想到用这种方法计算的学生可以说是寥寥无几。那么，这位教师花费大量时间来寻找这么多方法是否有必要呢？我特别欣赏这样一句话，"学生是脚，教育是鞋"，每双脚的存在都是合理的，作为"鞋子"的教育不是去改变脚的大小和形状，而是找寻、创造适合每双脚的鞋子。联系前后知识，找准学生的最近发展区，我们会发现学生最有可能想到也最容易理解掌握的方法是(5)，这种方法也最利于接下来要教学的两位数加减两位数的笔算方法。因此，在教学中没必要花费大量时间迫使学生花费大量的精力去发现这么多方法，那样最终可能得不偿失。

我们都知道，当我们问路时，警察也会首先问你是步行还是坐车，坐车是坐公交车还是坐出租车还是坐地铁，然后根据你的行走方式告知你最合适的行走线路。在教学中，教师也应该量体裁衣，为学生定做合适的教学方法。

总之，教师要实现从"车夫"到"警察"的角色转变，就要求教师首先在教学理念方面有一个重大的转变。陶行知先生提醒我们：创造力最能发挥的条件是民主。我们想得太多，为学生做得太多，无疑对学生创造力的发挥是一种束缚。教师要相信学生的能力，不要"看扁"他们，他们可以自主地寻找知识源，提取相关的经验，在自主探究的过程中建构新知。在学生自主学习过程中，教师要点到为止，不能插手过多，把走路和问路的权利交给学生，让他们走适合自己的学习之路。

在教育教学中，教师要善于做一个"懒"老师，不揽着学生能做的事，也不拦着学生去做自己能做的事，这样学生就不会老是"赖"着你。只要教师轻轻地放一手，学生就可能会好好地露一手。例如，在德国，每次考完试老师都不阅卷，而是交给学生自己来阅：老师在前面讲解，学生在下面对照正确答案给自己的试卷打分。有人问，如此打分方法，不怕学生"耍鬼"吗？其实这个担心是多余的，因为在德国小学生的心中，"自己骗自己"是最可耻的行为，所以绝不会出现"假分"现象。这种打分方法，不但使孩子们从小养成了诚信的品格和习惯，也使他们在阅卷过程中巩固了知识。

原解

汉·刘向《说苑·政理》："夫耳闻之，不如目见之；目见之，不如足践之。"

"眼见为实"，形容不要轻信传闻，看到的才是事实。

辩解

02

"眼见"不一定"为实"
——师生的所见未必就是所得

曾经在杂志上看到一篇题为《爱情现场直击》的文章——

主持人问："Y，你还爱她吗？"

Y冲口而出："不爱。"斩钉截铁，破釜沉舟，低沉。

主持人转头问她："那么你呢，X，你还爱他吗？"

X也不假思索，轻声回答："爱。"

台下观众一阵唏嘘。因为男人三年前的一个承诺，她等了他三年，不和任何人交往，寂寞地过。男人没有回来，在另一个城市结婚了。

主持人问女孩："打算怎么办？"女孩回答："他必须赔偿。"

主持人问男人："你愿意赔偿吗？"

男人思忖片刻，然后说了两个字："愿意。"

女孩说了个数目，主持人没费任何唇舌，男人就在现场起草的协议上签了字。观众席上，议论声哗然。为女孩的痴情，和男人情愿高额赔偿都不肯回头的绝情。更多的人在感叹，这么好的女孩，男人怎么就不要她了呢？

女孩转身离开，脸上看不到悲伤，也看不到不悲伤。男人低头坐在沙发里，久久地、久久地没有起身，没有说话，没有离开。他的双手掩住了额头，无法看到他的表情。

主持人说：“我有点糊涂，我应该安慰谁？”

现场观众也有点愕然。他们没弄清楚的一件事情是，女孩在撒谎，她早已经不爱他。如果真爱，就不会要他一毛钱。男人也在撒谎，他依旧将她放在心里，只是不敢说。真要不爱了，男人会一毛不拔。

感性认识是人们在实践中通过感觉器官与客观事物相接触，形成的对事物现象的认识。感性认识是理性认识的基础和必经阶段，但感性认识所认识的事物现象中有大量的且零乱、片面乃至虚假的东西，因此感觉器官所感到包括见到的不一定都是真实的。同时，现象有真象和假象，假象以否定的方式歪曲表现本质，并掩盖本质。仅凭感性认识或被假象所迷惑是不能正确认识事物的，所以眼见未必为实。

孔子的一位学生颜回在煮粥时，发现有肮脏的东西掉进锅里去了。他就连忙用汤勺把它捞起来，正想把它倒掉时，忽然想到，一粥一饭都来之不易啊，于是就把它吃了。恰巧这时孔子走进厨房，还以为颜回在偷食，就把他狠狠地教训了一顿。经过解释，孔子才恍然大悟。孔子非常感慨地说：“我亲眼看见的事情也不确实，何况是道听途说的呢？”

眼见不一定为实，一是可能由于我们经验的不足而造成的视野局限，二是可能由于我们没有看到事情的全部而造成的误会，三是由于对象的刻意伪装而迷惑了我们的眼睛。如果凡事我们总是只相信自己的眼睛，而缺少静心和经心的分析与思考，往往会被假象所迷惑，即使是亲眼所见也很难认识到事物的本质。

生活如此，教育亦如此。教师也总是以为学生看到的和自己看到的一定就是真实情况，然而，事实并非如此，由于“人”“事”的复杂，许多情况下“眼见”不一定“为实”，所见并非所得。

看到的不一定是真人

在人际交往中，存在着一种“沟通漏斗”。沟通漏斗呈现的是一种由上至下逐渐减少的趋势，因为漏斗的特性就在于“漏”。对沟通者来说，是指如果一个人心里想的是100%的东西，当你在众人面前、在开会的场合用语言表达心里100%的东西时，这些东西已经漏掉20%了，你说出来的就只剩下80%了。而当这80%的东西进入别人的耳朵时，由于文化水平、知识背景等关系，只存活了60%。实际上，真正被别人理解了、消化了的东西大概只有40%。等到这些人遵照领悟的40%具体行动时，已经变成20%了。

在教育中，师生之间的交往同样客观存在着“沟通漏斗”现象。此外，人主观上的伪装心理也阻碍着师生之间的正常沟通。我们常说教师要能“教人求真”，学生要能“学做真人”，要做到这样，首先要求教师和学生能做一个真实的人，真心为人、真诚待人，不做心里想的与嘴里说的不一样、人前做的与人后做的不一样的“两面人”。然而，这一最基本的做人要求却常常成为师生交往中的一种“遥”求。

一是学生看到的教师的态度有时并非教师真实的态度。

有人说，现在教师笑得最多、笑得最久的地方是在公开教学的课堂中。那个时候，我们会看到教师总是微笑着，没有责怪，没有埋怨，能够不厌其烦地表扬和鼓励学生。然而，实际情况是，教师的微笑不一定就真的是“微笑”，许多情况下属于一种迫不得已的面部“装饰”，因为教育要求教师要微笑待人，一些不想微笑的教师也就只能“伪笑”，如虽然学生回答错了，教师依然保持微笑，但未必是真心宽容学生的错误。教师这样的口是心非却给学生带来了麻烦，尽管看到教师的脸是“微笑”的，却还得琢磨教师是真笑还是假笑。

在公开课教学中，我们还会感觉教师相当有耐心，对不合人意的学生回答始终能够循循善诱，慢慢启发学生的思路，一点都不“嫌弃”学生；对不尽如人意的学生表现也始终能够谆谆教导，慢慢启迪学生的思想，一点都不“抛弃”学生。看到这样的景象，听课老师会感动，但学生未必会感动，因为学生最清楚自己老师的“真心”，知道现在看到的教师的态度未必是教师真实的态度，有的只是装得像一点，有的只是装得久一点，一旦忍不住或熬不住，就会原形毕露，让学生看清庐山真面目。可怕的是，教师态度表里不一的后果可能培养的就是学生的虚情假意，这也就是许多学生在公开教学中敢说敢做，而在平常教学中缩手缩脚，也成为“两面人”的原因。

在教学过程中，教师有时会让学生各抒己见，充分表达自己的观点，有时会鼓励学生用自己喜欢的方法解决问题，有时甚至还会鼓励学生对自己的教学发表意见，但这常常不是真心的，而是教学的一种应景，纯粹是给自己的教学抹上新课程的“化妆品”，尽管学生有自己喜欢的方法，但最终还是得用教师提供的方法，尽管学生对教师提出了意见，但最终教师依然我行我素。长此以往，给学生的真实感受是，教师常常说的好听，但往往不能真听，否则只能招来教师心底的讨厌。

在教学评价中，也常常存在着“眼见不为实”的现象，例如，教师奖给学生的红五星，有时让学生看到的却是“实不符名”，教师的随意发放、随意扔弃都会让奖品贬值，学生就会慢慢看清奖品的实质并不实，只是教师哄骗自己的一种教学手段，最终导致这些奖品丧失奖励功能。

二是教师看到的学生的态度有时并非学生真实的态度。

有人说，人心难测。此话甚有道理，世上最难琢磨的是人的心思。确实，学生的心思也最难猜，一百个学生可以有一万个心思。为了博得教师的好感和好评，有时学生表现好并非是真的好，例如看到学生对教师的讲课频频点头，教师别总是以为自己讲得很好，因为有时学生只是对教师权威的“服从”，而并非是对教师水平的“服贴”。又如有一位学生被教师认为是好学生，说他不用费很大的劲就可以学好，而实际情况是他的成绩是课外投入了很多精力才得来的。由此可见，学生也很注意自己的“形象工程”，而蒙在鼓里的教师还常常以为是自己的“政绩工程”。反之，有时学生表现差也并非是真的差，例如有时学生违反纪律并非是学生无视课堂纪律，而可能是对教师的一种抗议，一些学生会因为教师总是不叫他回答问题或总是不让他表现而恼火，于是就故意违反纪律，而真正的用意是想提醒教师不要无视他的存在。又如有一位学生回答教师问题和解决作业习题时总是错误百出，教师很恼火，想不通原来成绩不错的他现在怎会如此差劲，却想不到他的出错其实是故意的，根源在于他对教师的一次过分指责而怀恨在心，于是通过这样一种方式表达自己对教师的反抗。

【案例】出给老师的考题

我曾在一所明星中学教数学。学生是精挑细选出来的，我教起来当然是得心应手，轻松得很。即便我怎么出题目，都考不倒他们。可班上有一位同学的期中考试，数学只得了15分，太奇怪了。

放学以后，我和他谈心，这小子一问三不知，还问我：“老师，难道你以为我骗你？难道我会做题目而假装不会做？”我被他问得哑口无言，除了鼓励他以后上课要用功一点以外，还愿意义务给他补习数学，而且当天晚上就开始。

这位同学一开始还老大不愿意，可由于我的坚持，他只好乖乖地在我的督导之下做习题，渐渐赶上了进度，考得越来越好。我太太知道这孩子没有父母，就找他来吃饭。他有什么事情，一定会来找我商量，包括一些职业生涯规划的问题。后来他考大学也算顺利，可我却收到他的一封信，内容令我吃了一惊。

老师：

请原谅我骗了你一次。

我一直没有爸爸，也想有个爸爸，这样如果有什么问题，我好问问他。因此我心生一计——英文老师、国文老师和数学老师都是男老师，我决定假装功课不好，看看他们反应如何。英文老师对我的成绩无动于衷；国文老师将我臭骂一顿，罚我站了1小时，还向全班宣布已放弃了我；唯一关心我的就是你，你不但一再地问我怎么一回事，还替我补习。其实你只要关心就够了，我完全没有想到你免费当我的家教老师，我必须假装不懂，如此装了整整两个月之后，才脱离苦海。

最使我感动的人，其实是师母，她对我的关心，令我永远也忘不了。师母第一次请我去吃晚饭，正好寒流过境，我故意没有穿夹克。师母一看到我衣服单薄，立刻替我选了一件厚夹克，你们老师薪水不高，还对我这么好。

我知道我找到爸爸妈妈了，从此以后就将你当作我的爸爸，有什么事，我都会问你，你也会给我建议。我也偷偷地学你的为人处世，你对人诚恳，我也因此尽量对人诚恳，这些都是你所不知道的事。

我要在此请你原谅我，我当年骗你，实在是迫不得已，我的确需要一个好爸爸，也幸亏你对我的关怀，使我从此凡事都有人可以商量。由于你在我功课不好的时候没有放弃我，你是我一生中对我影响最大的人。

祝教安！

骗你的学生：张某某上

这封信却令我出了一身冷汗，我们当老师的一天到晚考学生，很少想到学生也在考我们。那位学生出了一个考题，显然只有我通过了这场考试。其实，他才是我一生中对我影响最大的人。

另外，有时学生表现得非常好，也属于非"常"状态，并不是自己正常水平的正常反应，而是教师意思的翻版或者是同学意见的移植，因为学生已经学会了察言观色和见风使舵的本领，教师想什么他们就说什么，教师要什么他们就给什么，同学什么说得好他们就说什么，同学什么做得好他们就做什么。所以，教学中最难做到的就是看到学生的真实情况。表面上，我们似乎看到的是教学的活跃，但未必就一定代表学生思维的活跃，反之，我们似乎看到的是教学的冷清，但未必就一定代表学生思维的冷清。然而，教学中，教师总是相信自己的眼睛，凭自己看到的教学景象来定论教学效果，但结果常常并不正确，让教师常常感到困惑。

一些学生学习的滥竽充数，也常常让教师走眼，例如，在课堂教学中，学生的举手有时并不是想回答和能回答，而是环境所迫，别的同学都举手了迫使剩下的学生也只能举手，否则太引人注目，给老师和同学不好的印象，于是不得不铤而走险，期望能够蒙混过关。然而这些学生没想到的是，他们一旦举手就会引起教师的注意，因为教师突然看到平时不咋样的学生能够举手，就会喜不自禁，就会优先叫他们回答问题，结果可想而知，此中，教师郁闷和不解的是这些学生前后表现的判若两人，明明看见他们举手了，站起来却是哑口无言。

看到的不一定是真知

由于人的眼睛只能看到物质世界的表面现象，所以它捕捉到的信息并不一定是正确的。在知识学习中，由于年龄上的不成熟和经验上的不成全，学生的眼睛会更加有局限性，以为看到的就是事情的真实面貌，以为看到的就是知识的真实品质，虽然经过大脑的思考和过滤，但获得的信息有时也未必是准确无误的。学生的学习被自己的眼睛所欺骗的情形大致有以下几种：

一是学生看到的可能就是一种错误。

人的眼睛的精确度如果达不到知识的精密度的时候，学生常常看到的只是“好像是这样的”，而真正的知识并不是“应该是这样的”，也就是说学生看到的只是知识的实际，却不是知识的实质，在此知识不清晰和不明细的情况下，学生的思想认识就很容易发生偏差甚至错误。在教学中，这种情况经常发生。

例如，在教学“三角形的三边关系”的时候，教师让学生在“10cm、6cm、5cm、4cm”四根小棒中任意选三根围三角形，结果在用“10cm、6cm、4cm”三根小棒围三角形时，学生之间产生了争议，许多学生认为可以围成三角形。原因在于以下两方面，一是由于材料存在误差加上操作存在误差，学生不容易得到精确的结果，二是由于“6cm”与“4cm”的两根小棒难以叠加在“10cm”的小棒上面，大多学生只能把“6cm”与“4cm”的两根小棒紧靠在“10cm”小棒的旁边，于是学生认为只要把“6cm”与“4cm”两根小棒的两头与“10cm”小棒的两端压一压，就能出现一个扁扁的小三角形。此时，学生眼睛看到的其实是一种错误，这是由实物操作难以精细化所造成的结果。

对此，让学生的眼睛能够看到知识的真情，是我们教师需要做的功课，也是体现教师教学水平的功力。要解决这一问题可以这样做：教师首先让学生在点子图上画三角形，思考直线上的三个点是否可以画出一个三角形，让学生明白“不在直线上的三个点才能确定一个三角形”。然后等到学生出现上述争议的时候，教师把三根小棒抽象成三条线段，用课件动态演示“10cm、6cm、4cm”三条线段围三角形的过程，从中学生就会清楚地看到“6cm”的小棒与“4cm”的小棒“碰头”后的长度与“10cm”的小棒正好相等，也就是正好与“10cm”的小棒重合在一起，这样学生看到的才是知识的真实情形。三根小棒的重合相应就形成了一条直线上的三个点——“10cm”小棒的两个端点以及“6cm”小棒与“4cm”小棒的接点，根据刚才“不在直线上的三个点才能确定一个三角形”的结论，从理论上证明“10cm、6cm、4cm”三根小棒围不成三角形，这样的说理学生更加信服，也就克服了眼睛存在的“弱点”。

另外，在教学中，一些不具有代表性的知识，有时会与类似的知识发生表面上的相似，这种表面上的相似性往往会欺骗学生的眼睛，使他们产生知识上的混淆，以为它们是一回事，然而随着知识的发展和学习的深入，等到学生觉悟到它们的本质区别之时，时间已晚，更正原有的错误认识就会比较困难。

例如，在教学小数乘法时，因为先教的知识内容是小数乘整数，学生看到的是竖式中积的小数点与乘数中的小数点对齐，于是一些学生就以为小数乘法与小数加减法一样，也是小数点对齐，其实这是一种错误理解。对此，有经验的教师就会先教学小数乘小数，因为这样的例子就具有典型性，真正的算理更容易在此得到显现，学生也就更容易看到，也就很容易看到小数乘法与小数加减法算理的本质不同。然后反过来再教学小数乘整数，学生就不会产生知识上的误解，并会自觉迁移小数乘小数的算理与算法，从而轻松地把知识收入囊中。

二是学生看到的可能只是一种错觉。

视觉过程对我们来说习以为常，我们毫不费劲地用眼睛观察世界。但是，对图像、色彩和运动的观察是一个非常复杂的过程。有一些特殊的图片利用物理、生理和心理因素影响这个过程，使我们产生错觉。错觉是歪曲的知觉，也就是把实际存在的事物歪曲地感知为与实际事物完全不相符的事物。例如，图片中的那两根线谁长谁短的问题。

在教学中，虽然这样的错觉会影响学生正确获取知识，但在教学中，我们却可以利用人普遍存在的视错觉设计一些特殊的教学材料来刺激学生的视神经，以此提高学生的学习注意力，让学生在“谁长谁短”的怀疑和悬念中进入一论知识长短的最佳学习状态。可以说，这是“眼见不为实”的正面运用。

【案例】“眼见”而“不实”的探究

“认识厘米”一课，在练习中有这么一题：红色线段比蓝色线段长几厘米？

——————————（红）

————————（蓝）

我对上述习题进行改造（如右图），做到“‘实测’与‘估测’齐飞”，先让学生分别估测一竖一横（竖线与横线长度相等并且都是整厘米数）两条线段的长度大约是几厘米，多数学生“看”出竖线比较长，这很正常，因为相同长度的线段在视觉上会感觉竖线比横线长一些，然后让学生进行实际测量，他们意外地惊讶于“自己的眼睛也会欺骗自己”，从而多了一种新的认识，多了一分新的乐趣。然后，我再出示教材上的上述题目，先让学生估测它们相差几厘米，然后让学生进行实际测量，以此考察自己的眼力。

案例中，学生观察图形长度时产生的错觉，与标准答案不符，激发了学生要求通过实际测量来解决“相信标准答案”还是“相信自己眼睛”之间的矛盾。这种“眼见”并不为“实”的状况，一是可以激发学生的学习兴趣，二是可以打破学生的经验主义，从而让学生相信科学、相信实践。

很多心理学家都认为，事实上我们的眼睛和视觉系统并非绝对客观的：眼见不一定为实。美国加州理工大学的教授最近的一项研究发现，视觉给予的信息是受到观察者的主观因素影响的。在这项研究中，研究者站在校园里一个山坡的底部，然后让来往的学生估计山的倾斜度。学生有两种估计的方式：第一种方式是让被试看着山坡，然后让一条板子的边缘摆成平行于山坡的方向来估计山坡的坡度；另外一种方式是让被试不看山坡，然后用同样的方式来估计山坡的坡度。

在第一种估计方式中，被试更多地依赖于视觉线索。在这种情况下，被试通常都高估了山坡的坡度，会把一个大约31°的山坡看成大概50°左右的斜坡。然而，当被试不再看山坡时，被试的估计是非常准确的。更令人惊奇的是，在第一种情况下，被试的高估会随着被试的状态而更加严重，特别是在被试刚刚参加完长跑，背着很重的背包，或者身体衰老虚弱时。而这些被试在不看山坡的时候的估计还是准确的。

通过这个结果，研究者找到了一个规律：也就是当被试感觉自己的身体状态较难应对这个斜坡时，他们倾向于估计山坡更陡峭，而这种策略是无意识地反映在被试的视觉系统里的。也就是说，我们的视觉并不是完全客观的，而是在一定程度上反映了被试的心理状态。这也可以解释中国古代纪昌学习射箭时，经过长时间的训练，可以把虱子看得越来越大。这种策略可以帮助人更好地应对困难，完成任务，所以也不得不说是自然选择对视觉系统的神奇塑造。

更进一步讲，在生活中，人的自以为是不仅会产生视觉上的错觉，还会产生感觉上的错觉。我们经常认为自己知道很多，可实际上我们知之甚少，这就是知识错觉，也就是说有时我们常常把“知道”错觉成“明白”。

耶鲁大学的利昂·荣泽贝尔教授曾经设计过一个实验，主试首先会询问被试一系列问题，例如天为什么是蓝色的，筒子锁的工作原理是什么，等等。如果被试回答非常了解，那么这个“好奇的孩子”游戏就可以开始了。关于其中的工作原理，主试会从头逐个地提问，每个步骤还要问清楚到底是为什么。实际上，被试一般回答不超过 3 个问题就会达到一个知识的空白点，他们最终明白了原来他们对于这个问题根本就不明白，不过他们也感到很疑惑，不是因为他们发现自己原来缺少这方面的知识，而是他们从来都没有意识到自己如此得不在行。

在学校里，同样存在着知识错觉现象。我们经常会遇到这样的情况，学生走进办公室向老师诉苦说，他已经很用功地学习了，可是考试成绩还是很糟糕。他们反复地翻看教材与笔记，在考试前感觉似乎已经没有什么问题了，可是考试结果总是令人失望。其中的原理是，学生虽然通过学习内化了一部分知识，但是知识错觉误导了他们，他们已经分不清熟悉知识与掌握知识的区别了。反复地阅读教材只能增加对知识的熟悉度，但是这些会进而促进知识错觉的出现。只有通过测验才能找出我们到底在哪方面还有所欠缺，这也是为什么教师要经常对学生进行测验，一个高水平的测验的确能够精确地探查学生知识掌握的深度。

综上所述，眼见为实固然对，但不绝对，我们既要相信自己的眼睛，把在教育教学中发生的现象尽收眼底，同时我们又不能总是相信自己的眼睛，对事情能够明察秋毫、明辨是非，对知识能够由表及里、去伪存真，从而发现隐藏在事情和知识背后的本质。

原 解

京剧《串龙珠》第十场：“有道是耳听是虚，眼见是实。千岁莫要屈赖好人。”

“耳听为虚”，意为听到的不一定正确。

辩 解

03

“耳听”不一定“为虚”

——让学生听课“听”出实效

“耳听为虚”，常见的是见识层面的解释，意为听到的不一定正确，看到的才正确。所以，在教育中，我们常常告诫学生不要相信道听途说，而要眼见为实，也就是要脚踏实地，弄清楚事情的来龙去脉，这才是一种科学的学习态度。

“耳听为虚”，我们还可以延伸到认识层面的解释，意为只听不看比不上既听又看的效果好，因为只听不看，就缺乏实物形象的支持，浮现在脑中的是一种意象，而这种意象就不一定正确。所以，在教学中，我们常常强调让学生既听又看，听觉器官和视觉器官双管齐下，这样的教学效果就一定好。

鉴此，“耳听为虚”这一词语难免不被人所看好，似乎是一个“反义”词，其不动听之处就在于其中的一个“虚”字。其实，“耳听”不一定“为虚”，在见识层面，我们有时看到的未必是真的，听到的反而是真的，例如我们明明看到的宣传是好的，背后听到的议论却是差的，有时恰恰就是听到的是真的。在生活和教育中，到处存在着如此“眼见不一定为实，耳听也不一定为虚”的事例。

在认识层面，也同样存在着“耳听不一定为虚”的现象，例如在教学中，有时学生只听不看，反而能听得更好，也就学得更好。一是因为当眼睛看不见时，人的听力反而会得到增强，能够听到看得见时所听不到的东西，盲人的耳朵特别灵敏就是这个道理；二是因为当眼睛看不见时，人的脑力反而会得到开发，能够想到看得见时所想不到的东西，盲人摸象能够得到许多答案就是这个道理。由此可见，教师让学生只用“耳听”，教学效果不一定就“虚”，同样，学生只用“耳听”，学习效果也不一定就“虚”。

耳听，有时能激起人更多的注意

在平常生活中，我们总是以为看更能引起人的注意，其实，有时候听反而更能激起人的注意，因为这时用的不是肉眼，而是心眼。

【案例】听人游戏中的心理学

姓刘的体育老师，总会在下雨天的时候想办法上一些好玩的室内课。那一次，玩的是猜声音的游戏。六个学生一组，面朝黑板站着，下面的同学坐在位子上，用各种各样奇怪的声音喊那六个同学的名字。被叫到名字的同学，得马上回过头来，猜这声音的出处。如果猜对了，他就可以回到座位上去；如果猜不中，抑或没有人叫他的名字，那他就必须在这黑板前一直站下去。

我在两个同学上去的时候喊了他们的名字，用我能够发出的最怪的声音。一个是我最好的朋友，她听出了我的声音，带着笑意回头指出了我。另一个是男生，我暗恋的男生，当我从嗓音深处逼出声音喊出他的绰号时，看到了四处投来的含义十足的眼光。我忽然发现了这个游戏的真相：只有很喜欢一个人的时候，你才愿意在他背过身去的时候喊他的名字，因为这是你主动去喊他的名字，有别于路上照面时出于礼貌打的招呼。你希望引起他的注意，又不想明确地让他知道你的心思，就得采取这样迂回可笑的方式。

渐渐地，我在这个游戏中嗅出了残酷的竞争味道，这是一种对于人缘的考验，可以清楚地比较出谁的人缘好，谁的人缘差。我由一开始的希望参与这个游戏，渐渐变成了害怕参与这个游戏。

但是，我的学号还是被刘老师点到了。我走上讲台，面朝黑板，和其他五个同学站在一起。我对老天爷说，只要有人愿意喊我的名字，我将终生感谢他。

现在，黑板前只剩下两个人。一个是以孤僻和小气著称的女生，一个是作为班长的平时不可一世的我。我自然而然地开始反思我的一切。我在想，我是不是一个特别骄傲的人，一个目空一切、自我中心的人；我在想，他们为什么不喜欢我，是不是因为我敏感、易怒，难以捉摸；我在想，我一定是在我不知的场合中伤害了很多人；我在想，我平日看到的笑脸和善意，是不是都是假的……

忽然，我听到了我的名字。很小的声音，有些犹豫，但是很熟悉，没有做任何掩饰和变调，充满了拯救的意味。我满腔因期待和不满而生出的怨恨“轰”的一下，变成空白，变成喜悦，变成难以言喻的轻松。我回过头去，看到了我最好朋友的脸。

我刚在位子上坐定，就用我能发出的最大的声音，叫了那个仍在黑板前呆呆地站着的女生的名字。她回过头，给了我一个不太成功的笑容，然后简单、清晰地叫出了我的名字。

上述游戏不仅只是一个辨别人姓的测试听觉的游戏，更是一个辨别人性的测试知觉的游戏，其间夹杂着的对心灵的自我拷问，则是唯有在听的过程中才产生的一种心理活动，在此意义上，“耳听”不一定“为虚”。

一是学生听教师说悄悄话，有时更能让学生惊觉。

我们都知道这样的常识，当一个人难以听到别人说话的时候，他反而更加会有想听到的强烈念头；我们还都知道这样的常识，当一个人身处嘈杂环境的时候，对感兴趣的话题，他反而会有听得更清的强劲能力。有人做过一个实验，在一片嘈杂声中，当有人在小声地议论你的时候，尽管相隔一定距离，但你依然能够敏锐地感受到他们对你的关注，会情不自禁地向那个方向观望，这似乎是一种息息相通的心灵感应。科研人员解释说，这是因为当一个人的耳朵捕捉到关于自己的声息，尽管很微小，但心灵依然能够很微妙地感应到而使耳朵自觉地屏蔽与自己无关的其他声音，从而一门心思地收集关于自己的声音，由此一个人依然能够在嘈杂声中“听到”别人对自己的议论和评论。

同样道理，在课堂教学中，在全班学生朗朗读书时，如果有一个孩子开小差，此时教师只需轻轻地呼唤他的名字，尽管周围是一片读书声，但这位学生很有可能就能够听到老师在呼唤自己的名字，从而引起注意，自觉收敛或改正自己的行为。教师这样的轻声呼唤，在不影响其他学生学习的前提下达到提醒当事学生的注意，不失为一种明智之举。万一此招不灵，学生并没有能够与教师的期待息息相通，那么教师也可以这样告诉学生：“老师想对××同学说句悄悄话!”或许能够变教师的“严厉呵斥”为“温馨提示”，最大限度地保护学生的自尊心。

在生活中，我们经常玩“咬耳朵”说悄悄话的游戏。头一个人对第二个人“咬耳朵”，第二个人把听到的信息接着对第三个人“咬耳朵”，第三个人则继续把听到的信息传递给第四个人，直至最后一个人把听到的内容公布出来，看原始信息在传递过程中失真了多少。在这个游戏过程中，我们会发现尽管“咬耳朵”时声音很轻很细，但听的人会竖起耳朵极力想听清楚，那样子那劲头比平常更“听话”。

例如，在英语教学中，教句型的时候，传统的方式是老师带读，解释意思，学生跟读，这种单一的形式比较枯燥乏味。其实，我们也可以用“传悄悄话”的游戏方式来教句型，先请若干位学生排好队，由老师传给第一位同学，再由第一位同学接着传给后面的同学，最后一位同学则大声说出来，第一位同学再判断说得对不对，传递的过程有没有出现错误。这样既可以训练学生的听力，又可以让他们开口说英语。

小时候，我们常常附到同伴耳旁说悄悄话。有时怕别人听到，还用手挡着嘴巴，显得神秘兮兮的样子，听的人不时变换着表情，旁边的人看得一头雾水，只有说悄悄话的两人心领神会。生活中，只有关系比较好的人才会这么说悄悄话。那么，教学中，和学生说悄悄话会不会显得与学生更亲近呢？这是不言自明的。在教学中，不仅批评的话要悄悄地说，表扬的话也要悄悄地说。

例如，班里总会有那么几个不爱学习的调皮学生，点名批评或单独谈话，见效都不大，他们依然我行我素，甚至变本加厉。班主任老师不妨来个附耳低语，悄悄地说，效果也许更好。悄悄地说，会让人有这样的感觉：他是跟我好才悄悄说给我听的，不然他可以大声告诉所有的人。因而听悄悄话的人会对说悄悄话的人有着一种亲近感。亲其人，信其行。同样是批评的话，悄悄地说，效果就要好得多。

【案例】教师与学生“咬耳朵”

一位教师通过“悄悄话”鼓励学生回答课堂问题，照片中，我们看到那位被“耳提面命”的女孩心领神会的笑靥，看到同学羡慕、好奇和期待的眼神，看到那张开的小嘴和紧抿的双唇。

会“咬耳朵”的教师在学生的眼中是美丽的。虽然我们听不到教师的话语，但正是这种听不到给了其他学生好奇的吸引力。教师这种此时无声胜有声的说话技巧，比让学生明明白白地听更能增加被说学生受重视的光荣感，又能给旁听学生增添竖起耳朵欲听详情的神秘感，从而也激发了其他学生听的兴趣。

【案例】公开说的悄悄话[①]

复习课上，我喜欢跟我的学生说悄悄话，刻意通过他的口渲染效果！那天上课时，我刻意提高声音对何爱说："我要悄悄地告诉你一个秘密！"随后我和她轻声耳语一番，故意告诉她第三节语文课上，我要抽查第三单元的知识点，让她事先做好准备！过后我又虚张声势，大声叮嘱："我只告诉你一个人，千万别走漏风声！"猛地一转身，发现全班人都全神贯注地看着我俩，而且都竖起耳朵、伸长脖子来听！嗯，吊起所有同学的胃口，这才达到了我的目的。因为我知道，我越是不让他们知道的信息，他们越是想知道。我明明白白地告诉他们，他们反而不听！

事实证明我是对的，一堂课的工夫，我们班全都知道了我俩的"秘密"。等第三节课我来抽查时，他们早已"万事俱备"！

上述案例中，教师充分利用学生强烈的好奇心，刻意将一些信息通过公开说"悄悄话"传递出去，很好地为教学服务。此法对于那些平时贪玩、学习自觉性不高的学生尤其有效，而对于那些学习基础不够扎实、缺乏自信的学生效果也很明显。

二是教师听学生说悄悄话，有时更能让学生惊喜。

刚刚进入小学一年级的学生在课堂中"叽叽喳喳""我行我素"是常见的，但教师如何循循善诱，让学生及早形成良好的学习习惯，是一个迫切需要解决的问题。其中，说"悄悄话"在低年级的组织教学中有着一定的妙用。

在提问后，教师告诉学生"老师最愿意听悄悄话！"可以引导学生由动变静，从而培养学生独立思考的习惯。课堂上，往往教师的问题刚出口，孩子们的小手就一个个举得老高："老师，我说！""老师，我回答！"有的同学因为没有得到发言机会而把小嘴噘得老高，有的干脆抢先说出了答案，更有甚者跑下座位死死拉着老师不放（请求老师把

① 作者是江苏省镇江市扬中实验小学教师许菊芳。

回答问题的机会给他）……这都是学生爱表现但又缺少冷静思考的人之常情。对此，教师可以告诉学生："每当老师提问后，最希望大家安静地举起小手，给老师一个悄悄的回答！"教室里就会安静下来，教师依次对每个人的回答（悄悄话）侧耳倾听，再把学生中间典型的答案或问题说出来让全班分享或研究。

【案例】学生与教师"咬耳朵"

"认识时间"对于只有感性基础的小学一年级孩子来说，这部分知识比较抽象。虽然，在课前我和学生都做了精心的准备：我动手做了精致的教具，而学生的学具更是异彩纷呈，可是在"学生认读钟面时刻"和"学生动手拨时刻"的几次反复过后，还有小部分的学生掌握得不准确，无论我在上面怎么"启"，他们在下面就是不"发"，怎么办？我灵机一动，问孩子们："你们想不想和老师一起做游戏？"孩子们顿时来了兴致。我抓住时机接着说："我们进行认识时刻的比赛，老师拨时刻，你们认记在心里，千万不要说出来给别人听见，然后到前面来在老师的耳边悄悄说给我一个人听，最后看谁认对的次数多谁就获胜，好不好？""好！"教室里顿时沸腾。

接下来我用教具钟拨出 9：32，孩子们眼睛瞪得大大的，纷纷举手。我组织他们排好队，每个人都神秘地把心中的答案在我耳边悄悄地告诉了我。唯恐别人听到，有的学生还用小手捂住了嘴巴。对于答对的孩子，我在他们的脑门上贴了一颗鲜红鲜红的"心"，他们仰着头走回了座位，生怕"心"掉下来。对于那些没有答对的孩子，也在我的启发和指导下最后都说出了准确的答案。几轮下来，我看着全班一片"红脑门"，心里那个美呀！

另外，在课堂教学中，许多教师还常常会因学生回答问题的"一边倒"而感到头疼。在回答老师的提问时，当第一个学生回答后，特别是这个学生回答正确时，接下去被叫的学生的回答都会与第一个学生的回答大同小异甚至一模一样，教师要想听到其他声音就很难。这种连锁反应在教学中普遍存在，导致教师看不到更多学生的真实学习状态。对此，教师可以走到那些已经想好答案并举手准备回答的学生那里，让他们分别凑近老师的耳朵，把想好的答案先悄悄地告诉老师。这样的回答方式，其他学生因为听不到，所以只能独立思考。教师由此更能听到每个学生的真实发言，做到心中有数，在正式反馈时，教师就可以根据需要有选择地安排或挑选学生进行有针对性的回答。在这一师生之间说悄悄话的过程中，尽管其他学生听不到说的内容，但却能激发欲知详情的强烈愿望，并希望自己也能够与老师说悄悄话，从而努力思考，积极举手，获得老师的青睐。

耳听，有时能激发人更多的主意

“眼见为实”，我们能否这样来理解，那就是我们看到的是一个实在的东西，看到的是什么样就是什么样的东西，没有一点想象空间；“耳听为虚”，我们也能否这样来理解，那就是我们听到的是一个虚幻的东西，听到的是什么样未必就是什么样的东西，具有很大的想象空间。例如，在语文教学中，有时教师用多媒体呈现实景图片后，反而打不开学生的思路；反之，如果教师只用语言描述内容，学生只能听得见而看不见，就可能想象出各种各样的情景或情节。从学生的思维发散和个性发挥上来评判，此时的“耳听”就不“为虚”，或者说，正是耳听为虚的“虚”给了学生不“虚”的想象，使其有了更多的主意。

“耳听”不“虚”的想象，还表现在人们可以把看不见的音乐用看得见的色彩和线条画出来，由此非常清楚和生动地感受到音乐中原本虚幻的情感色彩和情感线路。在知识教学中，听而不见还有以下独特用途。

一是学生听而不见，有助于学生更“看中”知识。

有一首流行歌曲《我悄悄地蒙上你的眼睛》中唱道：“（男）你悄悄地蒙上我的眼睛/要我猜猜你是谁/从 mary 到 sunny 和 ivory/就是不

喊你的名字；（女）我悄悄地蒙上你的眼睛/让你猜猜我是谁/从 mary 到 sunny 和 ivory/却始终没有我的名字……”歌曲的情景是让恋人的一方通过听声音来想象与辨别出另一方，这种蒙眼游戏促使听者不得不专心倾听，然后再在心中揣摩和勾勒出主人公。在教学中，有时教师对合适的教学内容也可以采用蒙上学生眼睛的方法教学，让学生在看不见中只能竖起耳朵更加专心致志地“听”讲（听别人的讲话），从而听出一些名堂来。

【案例】学生“听”出知识重点

教学“平移”课中——

师：谁能说说电子游戏“俄罗斯方块”是怎么玩的？（学生上台操作）现在把游戏难度增加——

（教师用红领巾蒙上一名学生的眼睛）

生：啊？要蒙上眼睛啊！

师：睁着眼睛什么都看得一清二楚，有什么好玩的？蒙上眼睛才有意思呢，我们在下面指挥他！（游戏开始）

生：那边——那边！哎呀，不是！

生：转，变形，快变形！那边！那边！又错了！

生：哪边呀？你们又不说清楚！

生：左——左——左。唉，对了，对了！停！过了过了！（大家费了九牛二虎之力，但还是以失败告终）

师：请同学们想一想，我们该怎样提示，说清楚什么才能让这位同学准确地将方块平移到合适的位置？（学生热烈地讨论起来）

从上述案例可以看出，听而不见，能够让学生更“看中”知识。游戏中频繁需要向不同方向平移两次或者多次的操作，操作者因蒙眼看不见而只能凭借耳朵的听力来调整行为，导致思维与提示者的语言形成了冲突，这种冲突成为学生顺利理解“平移要明确方向和距离”的良好铺垫，从而可以更顺利地导入新知。

又如在教学“用倒推法解决问题”的课中，完成例题教学后的练习，教师设计了一个让学生听记的活动，教师口述“一个数，加 7，减 8，加 9，得 10”，结果学生产生了多种记录方法：（1）一个数，加 7，减 8，加 9，得 10；（2）? →＋7→－8→＋9→10；（3）XC□□□10；（4）x＋7－8＋9＝10。能有这么多主意，是因为学生只能听得到教师说的话，而看不到教师写的字，于是生发了许多想象。

二是学生听而不见，有助于学生更“看重”知识。

在一些教学难点的突破上，有时让学生又听又看，反而会束缚学生的思想，思路比较单一；有时让学生只听不看，反而会开放学生的思想，思路比较多样，从而能够自觉悟透看得见时所悟不透的知识奥妙和方法玄机。此处，“耳听”就不“虚”。

【案例】学生“听”破知识难点

教学“3 的倍数”时，我让学生闭上眼睛，用耳朵来听老师在计数器上拨出的数是否是 3 的倍数。我强调，要专心听计数器上有几颗珠子落下的声音。我一个一个地拨下 6 颗珠子，2 颗放十位上，4 颗放个位上，然后把计数器藏到讲桌下面，再让学生睁开眼睛交流听到的信息。

生：我听到有 6 颗珠子落下的声音，是 6 吧，它是 3 的倍数。

生：我也听到有 6 颗珠子落下的声音，也可能是 60 或 600 吧，反正都是 3 的倍数。

生：我觉得还可能是 15 或 5l，反正也是 3 的倍数。

生：也可能是 411 或 2400，那也是 3 的倍数。

生：还可能是 111111 或 303000 吧，那也是 3 的倍数。

生：不可能是六位数的，因为老师的计数器的最高位是千位。

此时，学生的答案越来越多：1005、4101、33、3003、3300、1113、2220……学生在交流中逐渐得出：只要各个数位上的数字之和是 6 的数都有可能，当然这些数也都是 3 的倍数。

从上述案例可以看出，听而不见，能够让学生更“看重”知识。如果学生看着计数器来练习，看到的就只有“24”这个数，而闭上眼睛，学生显然“看”到了更多。更巧妙和更重要的是，学生在听的过程中，因为听到的结果只是一个“总数”，在汇报时学生就会自觉地把这个“总数”进行分解，这个分解的过程实际上就对应着“各个数位上数的和”这一知识要点，也就是说这一主意是学生自己想到的，而非教师告诉的，知识难点也就在学生的“听”课中一下子被攻破。

又如在教学“用万或亿作单位改写大数”的课首，教师让学生听写“十六亿”，根据之前的学习经验，学生一般只会写作“1600000000”，而教师却写作“16亿”，两种写法在速度快慢上和方法繁简上的对比，一下子让学生有了主意，轻松地掌握了其中的知识奥秘，之后就无须教师再多言。

综上所述，虽然人所感受的外界信息80%以上是来自视觉，但我们不能因此而小看听觉的作用。在教学中，如果我们把学生的视觉器官——“眼睛”关上，“上帝”就会把学生的另一扇“知识窗”——“耳朵”打得更开，把原本看的能量转换到听之中，从而听得更好，学得更好，获得的信息也可能达到80%以上甚至更多。

原解

欧阳修的《归田录》："无他，但手熟尔"，"我亦无他，唯手熟尔"。

"熟能生巧"，意为熟练了，就能找到窍门。

辩解

04

"熟能"不一定"生巧"
——熟悉的地方没有学习的风景

"熟"可能会"生巧"，只是这里的"熟"不是像机械操作的那种熟练，只需要知道怎样做，而常常不知道为什么这样做。只知道"是什么"而不知道"为什么"的"熟"是生不出"巧"来的。

钱学森曾经在《中国青年》杂志上撰文说："我以为，方法中最主要的一个问题，就是'熟能生巧'。搞任何东西都要熟，熟了才能有所发明和发现。但是我这里所说的熟，并不是要大家死背定律和公式，或死记人家现成的结论。熟的不一定会背，背不一定就熟。如果有人拿过去读过的书来念十遍、二十遍，却不能深刻地理解和运用，那我说这不叫熟，这是念经。熟就是要掌握你所研究的学科的主要环节，要懂得前人是怎样思考和发明这些东西的。譬如搞一个实验，需要经过五个步骤，那你就要了解为什么非要这五个步骤不可，少一个行不行，前人是怎样想出这五个步骤来的。这样的思考非常重要，因为科学研究的目的在于发明或发现一些东西。如果人家发明一样东西摆在你前面，你连别人的发明过程都不能了解，那你又怎样能够进一步创造出新东西呢？”

对未知的学生而言，学习其实也可以看作学生“发明”和发现知识的过程，所以，让学生明明白白地学习，在不断熟练中就有可能不断深入，在不断深入中也就有可能不断创新，这样才有可能熟能生巧。

我们应该知道，“熟”与“巧”并非因果关系。在教学中，那些泡在题海里的学生对知识不能不说不“熟”，但就一定能生出更多的“巧”来么，不见得，他们更多的只是解题的机器。而许多聪明的学生，不一定就是在“熟”练中生出了“巧”，而常常是因为有善于观察的眼睛和善于思考的头脑。很多人都笃信“熟”一定能生“巧”，于是反复操练，又有多少人知道爱迪生所谓的“百分之九十九的汗水，还有百分之一的灵感”的真正含义？

所以，机械重复式的“熟”是没有科技含量的简单劳动，耗费的是学生的时间，牺牲的是学生的才能，不仅难以生出“巧”来，相反还可能生出“厌”和“笨”来。

熟可能会生 “厌”

人存在着一种喜新厌旧的心理，对总是做一种事情，看一样的人情，普遍会产生一种厌烦和厌倦心理。所以，在教学中，我们不可见“物”不见人，即不注意认知主体——学生，不注意他们在学习中的情感因素。

一是学生总是重复昨天的例子。

在现实教学中，不是教师怕麻烦，就是教师难创新，在训练时常常采用题海战术。如果教师不能恰当地认识“熟能生巧”观点的负效应，将“训练”强调到不适当的地步，一味地采用灌输知识加大运动量训练的教学方法，就有可能使学生“熟能生厌”，形成不利于学习发展的情感反应。这里所说的“厌”，除了指厌烦、失去兴趣外，也泛指其他不良情感反应。

在题海战术中，学生就很有可能会重复做题，重复做已经熟悉的题目，重复做已经熟练的题目，此种情况下，学生的学习效果就会产生边际效用递减现象，做得越多，效果反而越差。也就是说，这样的用功未必有功用，浪费了学生的时间，浪费了学生的精力，得不偿失。可悲的是，尽管学生不胜其烦，教师还是不厌其烦，让学生痛苦不堪。

二是学生总是重复昨天的日子。

人际交往中，有一种说法称“频见不美”，即使有很好的交情在也是如此。究其原委，大抵因为人总是在洋葱似的重复自己，一天又一天，一年又一年，所有的日子都如此精确地相同，难得活出些新意来。

在学校教育中，学生“熟能生厌”的另一种原因是学习生活终日重复着昨天的故事，曾经看到这样一首题为《上学》的打油诗，描绘了学生的生存状态——

你上，或者不上学，学校就在那里，按时开学。

你念，或者不念书，书就在那里，早晚得念。

你听，或者不听课，老师就在那里，不下课不走。

你学，或者不学习，考试就在那里，不离不弃。

默然，上学。寂寞，无奈。

这种强迫式和强化式的学习，导致学生在漠然和无奈中生发的只有越来越浓重的厌倦。我们常说“熟悉的地方没有风景”，学生终日面对相差无几的教师面貌、相差无几的学习方式、相差无几的评价手段、相差无几的练习类型，在日复一日甚至日复一年中，有的只是不断“复制”的单调，缺乏经常“刷新”的新鲜。

有人曾对住在森林公园的一对夫妻羡慕不已，因为公园里有清新的空气，有大片的杉树、竹林，有幽静的林间小道，有鸟语花香。然而，当这对夫妻知道有人羡慕他们的住地时，却神情诧异。他们认为这儿没有多少值得观光和留恋的景致，远不如城市丰富有趣。

熟悉的地方没有风景。这对夫妻对这儿太熟悉了，花草树木、清风明月，在他们长久的日子里，已成了不是风景的风景，变得习以为常。

人们还常说“巧妇难为无米之炊”，意为没有米，巧妇也做不出饭来。然而，有了米，就一定能有巧妇吗？未必。再多再好的米，如果天天用同样的方式做同样的饭，也会令人生厌。

所以，要让学生熟悉的学习依然有“风景”，要让学生能够做学习的“巧妇”，那么教师首先应该做一个“巧妇”，善于创新自己的教学，让自己的教学具有“风景”，以教学的新意赢取学生的心意。如此，学生尽管面对熟悉的教师和熟悉的课堂，但每天能看到一些不一样的风景，这样的“熟”亦能生出“趣”的意味。

学生称呼教师为“老师”，是一种尊重，因为教师是长辈。但教师不要做这样的“老”师——“老一套”的老师，否则老师只能成为“劳”师，终日劳碌于用时间换空间和用数量换质量的“三陪”——陪学生读书、陪学生作业、陪学生订正，最终陪来的却是这样的“三赔”——赔掉了学生的自主、赔掉了学生的快乐、赔掉了学生的创新。

对此，教师应该努力做一个有风景的巧师，唯此才有可能成长为一个善于创新教学的大师。有一个故事，很能说明问题：两个泥水匠同样在工地砌墙，一个人每天只是机械式地重复着前一天的工作，另一个却在想“我是在建筑一座人生的高楼大厦”，于是边干活边钻研设计知识。十年后，不断重复的那个人仍然是泥水匠，而那个用“巧力”的则成为享誉世界的建筑大师。教师就应该是这样一个在建设学生人生和自己人生的人类灵魂的工程师。

此外，“熟悉”还有可能损害学生灵魂的塑造，如熟悉的教师、熟悉的教法可能会让学生熟能生“假”，正因为学生太熟悉教师的言行特征和教学套路，所以他们许多情况下知道教师接下来会说什么、会做什么，还知道教师暗地里会想什么、会要什么，于是有时就会虚情假意地迎合教师的意图。

熟可能会生"笨"

如果"熟"只是照葫芦画瓢，那么这样的"熟"只能生"笨"，如同流水线生产，只需要制造，不需要创造。学生的这种熟练，有的可能只是一种转眼即逝的经历，而缺乏一种刻骨铭心的经验，所以可以说是一种低级的熟练。造成"熟能生笨"的原因大致有以下几方面。

一是所示材料让学生缺乏"刺激"，无"趣"顾及内容。

曾经在《大科技》杂志上看到作者祝清亭写的一篇题为《被忽视的音符》的文章。文章讲了这样一个故事。

钢琴教师兼演奏家鲍里斯·戈尔德夫斯基发现学生在演奏《勃拉姆斯随想曲》中有一个明显的音符错误，把G♯演奏成了G。进一步检查发现，在当时所有版本的《勃拉姆斯随想曲》乐谱上，这个音符全都印错了。

这就非常奇怪了，大量的作曲家、出版社、校对者、演奏家为什么都没有发现这个印刷错误呢？他们在阅读这段乐谱时，全都想当然地一带而过，直到不怎么熟悉乐谱的这个学生演奏时，这个错误才被发现。

一位心理学家做了另一个实验，他故意在一份乐谱上动了手脚，改动了很多处音符。然后，他找一些资深的音乐家来连续两次演奏这个乐谱。第一次演奏时，有38%的改动音符没有被音乐家发现。第二次演奏时，音乐家们对错误音符的视而不见不但没有减少，反而忽略了更多错误。

从心理学上分析，这些音乐家们在第一次演奏后，对这段音乐已经比较熟悉了，于是当第二次演奏时，他们觉得没有必要再一个音符、一个音符对照着看谱演奏了，于是他们一目十行，结果忽略了更多的错误。

这些演奏实验告诉我们，当我们越是擅长做某件事时，就越是容易忽略该事情的许多细节。于是，我们看到的事情就已经不再是它原来的模样了，而是我们假定它“应该是”的那个模样。我们的大脑为什么要这样处理事情呢?

大脑完全没有通知我们，就自动忽略掉许多细节，而更为关注那些我们不熟悉的事情，这种现象叫做“节约导向”。也就是说，我们的大脑总是力求节约，就像一个精打细算的商人不浪费金钱一样，不在一些熟悉的细节上浪费精力，遇到一些熟悉的事情，会自动形成一些认知，比如当看到一句话说“这个人走了很远的路，十分干渴，他舔了舔自己的……”，我们的大脑立刻会蹦出一个词“嘴唇”，即使我们还没有看清楚后面的字。

美国一项调查同样发现，熟不一定能生巧。例如，不停练习高尔夫挥杆或投篮技术可能只是在浪费时间。斯坦福大学研究人员训练猕猴将简单的伸手动作重复上千遍，并观察其大脑协调动作的方式，从而得出该结论。

电子工程博士后研究员、该调查的主要发起人马克·丘奇兰德说:“神经系统不适于重复做同一件事。”斯坦福大学电子工程学及神经科学助理教授克里希纳·谢诺伊说:“在初步训练后，猕猴的命中率不会随时间的推移而提高，这意味着大量练习只能改进控制动作的能力。”

也就是说，在学校教育中，学生不停地重复练习也可能只是在浪费时间，改进的可能只是记忆，而不是方法。央视《朝闻天下》栏目播放的一个调查报告显示，从 1977 年到 2008 年的 32 年间，没有一位“高考状元”成为学术、商业、政治等方面的顶尖人才。这些“高考状元”对知识够“熟”了吧，但从题海中做出来的“熟”未必就能生出“巧”来，所以也就难以成为创新人才。

事实上，熟练产生思维惰性。科学研究证明，当人们长期重复一些不用动脑筋就能很熟练的工作时，大脑就会处于一种麻木状态，这样，因缺乏刺激便难于迸发灵感的火花。

另外，熟悉还会产生思维定式。当学生看惯了一样题目或做惯了一类题目后，面对似曾相识实际上却似是而非的题目，就会以为是老问题，从而不辨是非地沿用以前的经验解决问题，最终误入歧途。

例如，有这样两道题目，一题是：“如果一艘船上装有35只羊和25头牛，那么船长的年龄是多少?”另一题是：“某工厂共有2吨煤，第一周用去它的$\frac{3}{8}$，第二周用去它的$\frac{1}{4}$，还剩它的几分之几?”许多学生用“35＋25”计算前例，用“$2-\frac{3}{8}-\frac{1}{4}$”计算后例。

学生为什么会不假思索地很快列出算式呢？就因为学生太熟悉了“完美”式的数学问题，条件和问题匹配，不多也不少，所以他们看到教师提供的数学题目，马上就联想到怎样用运算符号进行“组装”，而很少考虑其中的事理和算理是否合理。

【案例】这样的犯错是大脑有问题吗?

当学生已经熟练解答“两根铁丝，第一根剪去它的$\frac{4}{7}$，第二根剪去$\frac{4}{7}$米。两次剪去的长度相比较，哪一次剪去的长?”之后，我把原来的题目稍微改了几个字，变成“一根铁丝，第一次剪去它的$\frac{4}{7}$，第二次剪去$\frac{4}{7}$米。两次剪去的长度相比较，哪一次剪去的长?”结果学生眼睛一扫，不假思索地脱口而出“不能比较”。

等我指点后，学生才恍然大悟，只字之差，结果大相径庭：以前题目的比较是建立在两根铁丝基础之上的，必须考虑铁丝的长度是1米、大于1米，还是小于1米，现在的题目则与铁丝的长短无关，第一次剪去了铁丝的$\frac{4}{7}$，也就是说第二次最多也只能剪去这根铁丝的$\frac{3}{7}$，所以第一次剪去的长。

大量机械、单调、枯燥的练习虽能令学生达到“熟”的目的，但正是因为“熟悉”，学生就缺乏刺激，可能就“一扫而过”“凭着感觉走”，造成失误。“熟悉越多，失误越多”也就不足为奇了。

由此可见，加强材料的刺激性是吸引学生注意力的一种办法，可以有效避免学生熟能生“笨”现象的发生。一方面，教师要在平时教学中加强对学生的“明眼”训练，提高学生“视力”，让学生能时时处处“明察秋毫”；另一方面，教师要优化材料的组织状态，改“老面孔”为“新面貌”，勾起学生的注意，激起学生的兴趣。我们至少应做到以下两点：一是改一种“烧法”为多种“烧法”——改变呈现方式。我们不要总以一种方式，如填空题，来呈现某一知识，不妨经常变换其他呈现方式，如判断题、选择题、图文应用题等。二是改一种“作料”为多种“作料”——增加开放题。我们既可以在形式上把原有题目改编成条件开放、问题开放或策略开放等开放题目，还可以在内容上把原有题目改编成生活开放题目等。

总之，教师要努力创设“一枝一叶总关情”“虽成曲调犹觉新”的新奇“风景点”，让学生感到每一次练习都有新意，达到“感动过你的知识仍能感动你，吸引过你的知识仍能吸引你”的“风景”效果，从而步入“熟能生趣”的境界。

二是所示材料令学生直奔“目的”，无“暇”顾及过程。

我们常说“温故知新”，但有时却是“温故误新”，其原因就在于熟能生“笨”，这是思维定式的又一种表现。孔子说：“温故而知新，可以为师矣！”并没有错，“温故而知新”是“可以为师”的条件。后人却经常省略了后半句，“温故”成了前提，“知新”成了结论，属于断章取义，由此产生了误读。由此可见，“温故”与“知新”也并非因果关系。

在生活中，“温故不知新”的例子很多，如守株待兔的农夫堪称“温故”的典范，结果没等到兔子，田地倒荒芜了；纸上谈兵的赵括也是“温故”的楷模，把兵书背得滚瓜烂熟，却全军覆没；清朝的闭关锁国仍是“温故”的延续，导致中国远远落后于西方……

“温故”的消极因素还在于其可能让人跳过重新探索的过程，因为太熟悉了原来，人就很容易照旧，懒得再看过程，于是也就可能漏掉过程中的风景。

法国一条通向阿尔卑斯山的小路旁，矗立着一个十分精致醒目的石牌，上面写着“慢慢走，欣赏啊!”据说是一位饱经沧桑的老人提醒行路者：不要只为欣赏山顶风光匆匆向前，却忽略了道路两旁的风景。不妨放缓脚步，细细品味一下此刻属于你的一切。

熟悉的地方没有风景。这样的行路者因为太熟悉上山的路线，而可以一鼓作气地登上目的地——山顶，无需像初次上山者一样在摸索中前进，因而也就忽略了路上可能变化着的风景，仍以为是“未变”的、“熟悉”的风景。

例如，有这样两题，一题是“张大伯利用一面墙用篱笆围一块长6cm、宽4cm的长方形菜地，求篱笆的长度”，另一题是“在一张比例尺是1∶2000的地图上量得两地之间的距离是4.8厘米，如果改画在比例尺是1∶4000的地图上，可量得两地之间的距离是多少厘米?”学生基本上用“(6＋4)×2－6”计算前例，而不用“6＋4＋4”这样较之简便的解法，用“4.8÷(1∶2000)×(1∶4000)”计算后例，而不用“4.8÷2”这样较之简便的解法。

为什么学生会舍简就繁？就因为学生太熟悉了长方形的周长计算公式，他们看到与长方形周长有关的题目，脑中就会自动“温故”跳出公式，直奔主题，于是就产生了这种结果。如果学生能不囿于结论，放慢“脚步”，细细欣赏，就完全能够领略到这一番不同的“风景”。

过分强调结论的标准化、最优化，反复操练，只能越来越冲淡学生原有的过程体验，从而缩小学生的思考空间；把目光局限于结论，反而有可能使学生的理解能力和思考能力下降，甚至连一些简单的问题的解决都要“绕弯子”。

由此可见，加强知识的灵活性是增强学生思维力的一种办法，可以有效避免学生熟能生“笨”现象的发生。一方面，教师在平时教学中加强对学生的“活眼”训练，扩大学生“视野”，让学生能时时处处

“关注全程”；另一方面，教师要优化材料的展开状态，改“偏结论”为“重过程”，加强学生的探索，增加学生的体验。我们至少应做到以下两点：一是对过程，让学生有“成功的路儿不止一条”的感受。我们在教学过程中要充分放开学生的手脚，让他们生动活泼主动地参与到目标的“测探”、结论的“创造”中来。我们不一定什么都要形成固化的结论，而是提倡把一种或多种方法溶解在学生刻骨铭心的体验中。二是对结论，让学生有“透过开满鲜花的月亮”的想象。我们要鼓励学生能透过结论看到“过去”、能透过结论看到“未来”，也就是“退一步”来思考问题，或许能从其形成过程中找到捷径，还要“进一步”来思考问题，或许能从其发展趋向中发现创新。

总之，教师要努力创设“山雨欲来风满楼”“师者遥指杏花村”的亮丽“风景线”，让学生感到每一次练习都是探索，达到“走过的，再回头慢走，仍能有所感叹；看到的，再放眼远望，仍能有所发现”的“风景”效果，步入“熟能生巧”的境界。

三是所示材料使学生思考“复杂”，无“法”顾及本质。

【案例】“老师，这题怎么理解?”

下课前十分钟，我布置完课堂作业，全班学生都全神贯注地开始做了。此刻，我像往常一样，巡视着学生做作业的情况，忽然，一名男生指着一道题，低声地问我：“老师，这题怎么理解?”题目如下：把一个长15厘米、宽8厘米、高5厘米的包装盒平放在桌面上，包装盒与桌面接触的最大面积是多少平方厘米？待我看了题目之后，这名男生又问：“这个盒子是不是展开的?”说到这里，我马上知道了这名男生的问题关键所在：他不能确定题目中的包装盒是展开的，还是不展开的?

这时，我有意看了旁边几个优等生的作业情况，发现竟然好几个也是做法有问题，如下：(15×8+15×5+8×5)×2=470（平方厘米)。我想这部分学生有问题，关键是学生搞不清楚盒子展开与否？那么怎样才能让这部分学生明白，这个包装盒是不展开的呢？于是我灵机一动，决定让全班讨论一下。

师：同学们，你们觉得这个包装盒是展开的吗？

学生意见不统一。

生1：我认为这个包装盒是展开的，因为题目问的是：接触的最大面积是多少？

好些学生也点头表示赞同。

生2：我不同意，因为包装盒是个盒子，如果展开的话，就成包装纸了。

赞成生2的观点的学生将信将疑。

生3：我也觉得盒子不展开，因为如果盒子原本就展开的话，就无所谓“最大面积”的说法了。

生4：我也觉得是不展开的，这个长方体盒子平放在桌面上，可以用任意一个面和桌面接触，不同的平放方式，包装盒与桌面接触的面积就有大有小，最大的方式就是题目所要求的。

听到这里，刚才还将信将疑的那些学生，马上豁然开朗了，脸上也露出满意的笑容，明白这道题目的正确做法应该是：15×8＝120（平方厘米）。

上述案例，不禁让我们思考一个问题：为什么一道不是很难的应用题，会有那么多学生出错，并且其中还有一部分是平时成绩优异的学生？经过分析，之所以出现这个问题，首先，是因为部分学生没有全面分析问题，一看到题目中问的是：“包装盒与桌面接触的最大面积是多少平方厘米？”就马上想到包装盒展开的样子，认为这样才能得到和桌面接触的最大面积。殊不知，题目中根本没提到包装盒是展开的。此外，更大的原因应该是：这个单元主要学习的是长方体的表面积，在这个单元练习中，学生做了很多有关计算长方体表面积的问题，这类题目当中，题型也非常多，这些信息在学生的脑海里根深蒂固。在这样熟练的前提下，知识很有可能发生负迁移，最后导致学生产生这样的错误——算成了包装盒的表面积。这样的情形是不是说明学生很笨呢？这不是学生笨，而是学生因为熟悉后产生的多虑，在一定程度上说明“熟”未必能生“巧”。

综上所述，在教学中，只要教师善于在呈现材料中“添油加酱”，诱发学生“食欲无限”，这样“熟”就不会生“厌”；然后教师善于指导学生在学习中“细嚼慢咽”，诱发学生“回味无穷”，这样“熟”就不会生“笨”。换句话说，也就是熟悉的地方也会有风景，风景是人创造出来的。

原 解

宋·陆游《村居》诗："生憎快马随鞭影，宁作痴人记剑痕。"

"快马加鞭"，比喻快上加快，加速前进。

辩 解

05 "快马"不一定"加鞭"
——最好的教育在悠闲中自得

在现实教育中，让自己的孩子或学生能够好上加好，是许多家长和教师的美好心愿，于是他们常常采用快马加鞭的教育方式，催促和督促孩子能够争先创优。具体做法主要有两方面：一是为孩子的学习"加码"，使其参加各种培训班，埋头各种习题集，以求让孩子学得更多；二是为孩子的学习"加速"，在年龄上提前上学，在知识上超前教学，以求让孩子学得更快。

然而，一些违反孩子身心发展规律的快马加鞭常常会产生物极必反的结果，属于拔苗助长的急功近利，也是家长或教师目光短浅的具体表现。曾经看到这样一则故事——

和朋友相约爬山，朋友向我挑战：咱俩换一种登山方法，不再慢走，而是跑到山顶，谁要是输了就买午餐的账单。我欣然同意。

我的步伐明显比朋友快不少，很快将他远远抛在身后。他十分淡定，慢悠悠地跑着。由于一开始用力过猛，我很快出现了呼吸急促的现象，最后终于支撑不住，只好坐在石凳上休息一下。朋友很快来到我的身边，关切地问我有没有事，我向他摆摆手。他继续向前跑着，仍然保持着一贯的步伐，或昂首挺胸，或侧目山旁的花草，一切看似惬意而悠闲。

我决定学习朋友的跑步方法，不再抢跑，努力保持一种慢跑的状态。但由于之前体力透支过度，我这时想要匀速前行竟有力不从心的感觉。

太想赢，反而输，太想快，反而慢，这就是欲速则不达的道理。“你是为了去山顶而爬山？还是为了爬山而去山顶？”这一问题正如“你是为了成长而学习？还是为了学习而成长？”前者太功利化，人的眼睛盯着结果，于是常常忽视甚至漠视过程。为了能够更快地获得结果而任意缩短过程，如同暖棚里催熟的菜果，常常丧失了自然成熟的清新和甜蜜。所以，教育不是短跑，而是长跑。有人说，中国家长常说的“不让孩子输在起跑线上”是错误的，因为起跑线上快几拍慢几拍对孩子漫长的成长历程而言，几乎可以忽略不计。同样，对家长和教师而言，教育不是急火，而是慢火，应该让孩子在悠闲中自得。

不要总是要求孩子争“第一”

在班级中，在学习中，总有第一，但只有一个。争做第一，是一种目标，可以让学生为此而奋斗；但同时也是一种压力，可以让学生为此而受折磨。所以，做第一是快乐的，也是痛苦的。要求争到第一，会让学生难为，考查着学生的努力极限；而要求保住第一，更让学生为难，考验着学生的耐力极性。相比较，后者给学生的压力更大，别人的比超，自己的疏忽，都可能保不住第一，一旦落后，学生就会感到很失落甚至感到很失败，尤其特优生，更害怕失败。

一是学生不一定要奔跑着学习。

有人说，“鹤立鸡群”，最难过的不是那些“鸡”，而是其中的那只

“鹤”，因为它要承担巨大的心理期望和承受巨大的心理压力。反而是那些靠后的学生在没有鞭策的情形下更有着前进的潜力，这也就是让教师颇感意外的“第十名现象”。

杭州市一位教师发现了这样一个现象：小学期间前几名的尖子生在升入初中、高中、大学乃至工作之后，有相当一部分会淡出优秀者行列，而第十名前后的学生，却在后来的学业和工作中出乎意料地表现出色，并成为栋梁之才。在近年高考状元的后续跟踪调查中，我们也发现这些高考状元踏上社会后表现并不突出，间接地说明了这种“第十名现象”。

在企业中，同样存在着一种类似的“B咖员工现象”。“B咖员工”是指在员工团队中处于中游位置的员工，他们表现得不好不坏。习惯管理“异常”的管理者，很自然地会忽略这类平常的部属，但哈佛商学院教授狄隆却认为“B咖员工”才是公司的核心灵魂。

有人分析，导致“第十名效应”的原因有四：一是只为追求第一的人，知识面狭窄，因为他把所有的精力都用在课本学习上，很少看其他的书；二是追求第一的人没有个性，为了追求好成绩，很少参加业余兴趣活动；三是追求第一的人，身体不够健康，他们很少参加体育运动；四是追求第一的人心理不健康，名利思想严重，经不起挫折、失败。曾经看到这样一则报道——

2003年，乔治王巧克力公司登陆中国，许多成绩优异的大学生前来应聘。巧克力之父弗斯·贝里设计了一份问卷：请你用一句最简洁的话，解释下面几位著名人士到底在说些什么？

(1) 1954年4月2日，爱因斯坦回母校苏黎世联邦工业大学演讲：“我在校学习成绩中等，按学校的标准，我算不上是个好学生，不过后来我发现，能忘掉在学校的东西，剩下的才是教育。”

(2) 1984年10月6日，诺贝尔物理学奖获得者丁肇中回母校清华大学演讲：“孩子在学校考第一不代表什么，至少我认识的科学家都不是年年拿第一的好学生，我自己更不曾考过第一名。小时候父母不管我，让我自由发展。”

(3) 2001 年 5 月 21 日，美国总统布什回母校耶鲁大学接受荣誉法学博士学位时说：“对那些取得优异成绩的毕业生，我说‘干得好’；对那些成绩较差的毕业生，我说‘你可以去当总统’。”

最终一位大学生应聘成功，他的答案是：学校里有高分、低分之分，但校门外没有，校门外总是把校门里的一切打乱重排。

由此可见，“第一”并不代表什么，也不能说明什么。中科院心理所研究员博士生导师王极盛从 1999 年开始对全国高考第一名进行研究发现，在高考第一名的学生中始终保持第一名的学生很少，这些学生如果心理调节得好，都有可能取得第一名，如果心理状态不好，就会落在别的同学后面。其实，“第十名现象”的一个重要方面就是学生心理压力小，学校、老师、家长对学生的要求不是很高，平时也较少得到父母、师长的过分关注和快马加鞭，这样学生自由发挥的空间比较大，能独立处理问题。日本的松下公司有一种很特别的择才标准，即“寻求 70 分人才”，与“第十名现象”如出一辙。由此，一些高明的家长和教师是不会强迫孩子总是争当第一的，反而会引导孩子看淡和看穿“第一”，不要为了“第一”而心事重重。

【案例】“问问自己两个‘为什么’”

一向很优秀的小女孩哭着回来了，因为这次考试没有考取全班第一，父亲笑着说：“孩子啊，记住，凡事都要问自己两个‘为什么’，问完之后，你就心平气和了。”

“第一个‘为什么’：为什么别人不能考第一呢？这个世界，天外有天，山外有山，你聪明，别人比你更聪明。既然你能考第一，为什么别人不能考第一呢？孩子，海纳百川，有容乃大。一个人只有心中盛得下别人，才不会生出烦恼。”

“第二个‘为什么’：为什么自己没有考第一呢？一定是这段时间你的知识学得不扎实，或者努力不够。总之，你肯定有不如别人的地方。你找到了这些不足，才算真正看清了自己。这就是我说的两个

'为什么'，你有问过自己吗?"听完，小女孩破涕为笑。

问问自己两个"为什么"，第一个"为什么"看到了别人的优点，第二个"为什么"看到了自己的不足。其中，最重要的是让孩子能够心平气和地正确看待成绩的问题。

二是学生不一定要绷紧着学习。

有一个好学生有一次没有考到第一，被教师喊去分析原因，在教师的苦口婆心的千言万语中，这位学生突然对老师大喊一声："求求你，别说了，我的成绩好不是你教出来的!"随后冲出办公室，留下惊呆了的教师。

"我的成绩好不是你教出来的!"这一声好学生的呐喊，是禁不住教师快马加鞭而冲动说出的心里话。是啊，好学生是教师教出来的吗?对于已经是"快马"的学生，教师还需要时时"加鞭"吗?这些问题值得我们深思。或许，这些"快马"不"加鞭"，亦能自奋蹄，此中教师需要做的反而应该是提醒他们在争第一中"别累着"，以及在没争到第一后"别雷着"。

由此想到澳洲的教育，走进教室，我们会立刻感受到一种学习氛围：松弛。没有学生的奋笔疾书，没有教师的疾言厉色，没有教学的环环相扣，有的是学生慢慢的思考、放松的交谈以及教师耐心的等待。如果用我们高效的标准来要求的话，这样的教学大抵是不合格的。但是，如果把这样的一堂课拉长至学生的整个小学生活，学生的童年应该不是行色匆匆的。

【案例】"我需要等等她"

澳洲的课堂最让人津津乐道的是学生学习状态的自由。一堂课里，老师引领着学生学习数学。一个小女孩开始是躺在地毯上摆出一些舞蹈动作，然后爬出学生队伍去讲桌后不知忙着什么，接着更加让人瞠目的是她居然去专心地搬动椅子。老师的反应也让人不解，她一直容忍这个学生的行为，事后的解释是："她不在学习状态，我需要等等她。"

有人说，人类之所以成为万物之灵长，是因为人类有漫长的童年期。但是令人扼腕叹息的是，现实中的童年在家长和教师的快马加鞭中一再被压缩，以至于很多人并不能准确地讲出童年的时长。

童年并不只是一个时间概念，它是一种生活方式，更是一个自然成长的历程。教育不应该是剪裁、异化、催熟学生的童年生活，而是应该让学生能更有质量地享受童年生活。因此，慢教育就是不强求学生做“快马”，不催熟学生，也不强对学生“加鞭”，不催促学生。

中国科学院教授孟建伟感叹：“教育本来该教会大家如何做一棵树，但最终却只关注那一个果实。”先哲曾告诉我们：“率性之谓道，修道之谓教。”教育不是改变人的成长规律，而是遵循人的成长规律成就人。

不要总是要求孩子当“独一”

学生争“第一”常常与学生当“独一”联系在一起，因为“第一”具有排他性，独一无二。学生为了能够“独一”，就会造成自私的心理和戒备的心理，与同学的关系普遍紧张，所以一些好学生在班集体中常常属于孤立状态，这也就是“鹤立鸡群”中的那只“鹤”的另一难过之处。

“独一”的学生为了能够让自己保持领先地位，常常会自我苛求，常常会自我鞭策，力争不出一丝一毫的差错。然而，很多情况下事与愿违，有的学生在写作业或参加考试时，越是认真越是出错，越是注意越是出错，越是仔细越是出错，最后导致作业写不好，考试成绩不理想。有关教育心理专家把这种现象称为“无差错障碍症”，其实也就是“瓦伦达效应”。瓦伦达是美国一个著名的高空走钢索的表演者，他在一次重大的表演中，不幸失足身亡。他的妻子事后说：“我知道这一次一定要出事，因为他上场前总是不停地说，这次太重要了，不能失败；而以前每次成功的表演，他总想着走钢丝这件事本身，而不去管这件事可能带来的一切。”法拉第说过一句话：“拼命去换取成功，但不希望一定会成功，结果往往会成功。”这就是成功的奥秘。

一是学生不一定完美。

一些患得患失的好学生，更容易患“无差错障碍症”，同时也很容易养成谨小慎微的性格，在写作业或做某件事情时，特别是在参加考试时，如履薄冰、惧怕失误，不能宽容自己的哪怕是很小的犯错和失误，偶有犯错和失误就惴惴不安，惶惶不可终日。

孩童时代正是学知识、长身体的阶段。这个年龄段的孩子，活泼好动，具有好奇心，而生活经验、社会阅历非常浅显，因此他们的犯错和失误是难以避免的。家长、老师要允许他们犯错，要正确看待他们的失误，千万不能要求他们一贯正确，更不能在他们犯错和失误时进行指责、谩骂甚至体罚，使孩子生活在恐惧之中。心理学家研究发现：当人觉得凭借自己的能力无法完成一件事或者将会搞砸一件事的时候，恐惧感就会由此产生。而保持不出错或者保证不出错对学生而言，无疑是一件难以完成的事情。

【案例】“谁愿意帮我搬?”

教授上课前来到教室，请学生帮他把家里的一些青花瓷瓶搬到教室里来。学生问：“这瓶这么贵重又这么易碎，假如我们搬运时摔碎了，要我们赔吗?”教授说：“这瓶 50 多元就可买一个。”学生们一听，嘻嘻哈哈地每人抱起一个瓶子就向教室跑。

开始上课了。教授说：“其实每个青花瓷瓶价值 2 万多元。”

“啊……”同学们瞪大了眼睛。

教授又问：“待会儿谁愿意帮我搬回去?”结果没人愿意。

教授问：“怎么，没同学愿意帮我搬吗? 说说，为什么?”

学生回答：“不敢搬，怕摔了。”

“那刚才搬来时，为什么敢搬呢?”教授微笑着问。

“那是因为我们不知道它的价值。”“那是因为我们以为即使摔了也赔得起。”……

教授在黑板上用粉笔写下了一行字：“无知者无畏，心态很重要，它往往能决定成败。”同学们频频点头，这堂课上得很成功。

对好学生，家长和教师更是容不得他们出错，一旦出错，家长和教师就会为之横找原因竖找教训，弄得他们好像犯罪一样自责不已。如此的“快马加鞭”，常常让我们的这些好学生少年老成，成为一个个不敢犯错、一本正经的“老小人”和“老好人”。鞠萍说过：“我曾经做过全国‘十佳’少年的评委，在评选过程中我发现一些孩子说的都是成人模式的套话，失去了孩子们特有的纯真与可爱。”

对此，一方面，教师不应该迫使学生做唯我独优的独一无二的人，而应该使他们做有个性的独一无二的人；另一方面，教师要引导学生能够正视自己的优势，正视自己的缺点，做到不以“优”喜，也不以“忧”悲。在谈及美国大学录取学生的标准时，美国耶鲁大学第 20 任校长舒密特教授语出惊人：“顶尖的美国名校，拒绝拥有完美成绩的学生。”时任广东省委书记汪洋在暨南大学演讲，在回答一个学生的有关如何在拼搏与从容之间取得平衡与幸福感的问题时说：“每一个人都像有缺点的水果，上级、长辈就像那个切水果的人。他会把你们最好的一面切下来，摆成一个水果拼盘，最后奉献给大家。”教师就应该做这样一个切水果的人，能够看到学生最好的一面，不要总是盯着学生的丑处，千方百计地消灭学生的缺点和消除学生的缺失，把学生打造成一个完美的人。

二是学生不一定全能。

为了让我们的孩子能够成为一个出人头地的、独一无二的完美的人，许多家长还会煞费苦心地全面打造孩子，期望把孩子培养成一个全能冠军。对此，在我国，我们都觉得心安理得，认为这样的快马加鞭并不为过，而在美国，这样的做法却被认为是一种犯罪。

【案例】“强奸童心罪”

男孩托比今年 11 岁，是美国内华达州卡森市第 9 实验小学四年级学生，各门功课成绩一直很好。为了把孩子的智力开发得更全面，为其今后成为出人头地的政治家奠定基础，从今年这个学期开始，父亲黎瑞开始给托比的学习另外加压：每晚作业完成后，必须背诵20句莎士比亚戏剧台词，培养口才雄辩力，然后练习拨打中国算盘，锻炼思维和手势的敏捷性。然而，托比没有兴趣，但慑于父亲咄咄逼人的态势，每晚不得不消耗很大的心思，用以换来父亲欣慰的目光。

不到3个月的顾此失彼，托比的学业成绩每况愈下。老师感到很奇怪，托比不得不实话实说。老师感到很气愤，向地方法院以"强奸童心罪"提交诉讼状。

法院判定，被告黎瑞任凭自己的武断意志给孩子托比未来定位，是一种变相的人格侮辱和意向剥夺，这样做会给孩子身心造成难以估量的负面障碍，至于托比今后应该成为什么样的人才，应该由他的兴趣志向来选择，被告黎瑞无权强加干涉。

让学生做一个全能的人，需要付出牺牲学生自由自在的代价。若要问现在的孩子最想要什么，他们一定会回答："自由自在。"什么是自由和自在呢？就是他的生活和学习，处在自觉、自愿、自由的状态中。我们的教育不能搞"强行塑造"，像捏泥人，想怎么捏就怎么捏，而不顾孩子的天性特点、成长规律和兴趣爱好。

【案例】"健康成长，比学知识更重要"

一位来华工作的美国人，儿子已经7岁，该读一年级了。他去考察一所小学，学校不但硬件设施先进，课堂纪律也很好，就连下课后学生的活动也井井有条，学校年年统考成绩都名列前茅。还有一所私立小学很一般，设备差很多，课堂秩序有点乱，课后活动就更乱了，有几个学生还在操场上打架，学生的统考成绩没有一年能进入全市前10名，总是在中间徘徊。

最后他选择了后一所学校，理由是："前一所学校的学生在课堂上个个坐得太端正，我们从窗外走过，竟然没有一个孩子扭头看一下。下课后，操场上也看不见有打闹的学生。这样的学校剥夺了学生的天性，把学生训练成‘小老头’，太残忍了。孩子在这种环境里，很容易有心理障碍。”

旁人不解：“可你把孩子送进那所乱糟糟的学校，孩子读不好书，会误他一辈子的。”他笑一笑说：“我正是看中那所学校的乱，小孩子本来就应该一边玩耍一边学习的。边玩边学，成绩当然比专心学习的差，不过，有中等成绩我就很满意了。学习的机会多得很，现在学不好，长大后还可以再学。快乐的童年却只有一次，一旦失去，就永远追不回了。健康成长，比学知识更重要。”

综上所述，对已经是“快马”的孩子，我们不一定要“加鞭”，不要强求孩子“满满”地成长，而应该允许孩子“慢慢”地成长。许多外国家长认为，中国家长那句“不能让孩子输在起跑线上”“苦自己不能苦孩子”是极其荒谬的，这种心态会导致家长为孩子的前途焦虑不安，对孩子进行拔苗助长式的培养，只注重“智”，而不注重“德、体、美、劳”，以这样的方式培养出来的孩子，就是一个应试的机器。

原解

宋·唐庚《文录》："山僧不解数甲子，一叶落知天下秋。"

"一叶知秋"，比喻通过个别的细微的迹象，可以看到整个形势的发展趋向与结果。

辩解

06

"一叶"不一定"知秋"
——窥一斑未必知教育的"全豹"

古人有诗云："一叶落知天下秋。"乍听有些道理，细思却有问题：常绿树四季落叶，焉知"一叶落"仅指"天下秋"而非"春夏冬"?

落叶翩翩，成因复杂，病菌、虫害、少肥、缺水都可能是罪魁祸首，而人云亦云地说"不过是秋天到了"，岂不是让无辜的秋枉担了虚名?

再放眼全球，有南北，有东西，有雨林，有沙漠，冷暖不同，气象万千。此地落叶成秋，焉知他地不是春暖花开之时?更何况，秋风瑟瑟，落叶频飞，方是秋之景象，不过一叶凋零，又如何谈得上知"天下秋"呢?

可惜，问题名言并未让人警醒，却让人陷入自大的陷阱，他们津津乐道着一叶即可推知的"秋天"，也因此犯下了一系列的错误：古代农人在树桩旁捡到一只撞死的兔子，从此以"待兔"为业，成为国人的笑柄，他不知，偶然事件并非客观规律，一只兔子犯傻不意味着所有兔子都晕；亚里士多德看到铁球比树叶落得快，便认定重物下落时的速度比轻物快，这一经验之谈被斜塔理论推翻，他不知，透过现象看本质，需要经过系统的实验和分析；乾隆帝曾以为天朝强大，绝不需与外国沟通往来，为后世崩塌埋下隐患，他不知，知己不等于知彼，片面认识不可概括天下。

如果把“一叶”理解为微观，那么“知秋”就可以理解为宏观，如果把“一叶”理解为现象，那么“知秋”就可以理解为本质，“一叶”不一定“知秋”说明我们有时无法从微观现象简单推导出宏观结论。

例如“非典”时期，有人看到餐饮业不好，就得出结论说对中国经济影响一定很大。但是，历史上对传染病的研究却发现，传染病对经济增长的影响很小，甚至有利于经济增长。是不是很奇怪呢？事实上，经济学家发现，传染病使人们对未来生命保障的需求上升，直接导致储蓄率上升，而由于储蓄率上升，全社会可用于发展的资金得到增长，因此反而导致了经济增长。“非典”对中国经济影响究竟如何，不能简单地由餐饮业的损失得出宏观经济变坏的结论。所以，从微观传导到宏观有许多传导渠道，有许多变数，观一叶而知秋，难矣哉！

在教育中，“一叶”不能“知秋”甚至“一叶障目”现象也普遍存在。例如，看到一位教师上了一节比较好的公开课，就认定他平常上课也具有比较好的教学效果，就认定该教师具有比较好的教学态度和教学素质，于是导致“一课定论”和“一课成名”现象的时时发生。具体而言，在教育中，我们常常会有以下认识上的偏见：

只见“树叶”，不见“树林”

“一叶知秋”负面效应的一种表现是“只见树叶不见树林”，看到其中的一点就以为是事情的全部。

一是看不到学生的后来。

在教育中，教师常常用有色眼镜看待学生，特别对一些犯错误的学生，以为学生的一次犯错就代表着品质不端，以为学生少时犯错就代表着成年后一定会犯错，这是教师典型的因为一叶障目而造成的思想偏见，让许多学生因此而没有了春天。

在教学中，教师也常常因为学生的一次不认真、不专心就以为学生学习态度有问题，还常常因为学生的一次考试、一次排名就把学生划分为三六九等。

教师的这种"近视"与"短视"与看待学生的视点有关，教师常常看到的是学生这棵参天大树中的一叶，并且是有着弱点和缺点的这一片"树叶"，以为由这一叶就可以推知这一叶的未来和其他繁叶的状况，这种思维方式是典型的以偏概全、以点盖面，并且已经成为许多教师的思维习惯，这是如今教师普遍存在的人性弱点和缺点。可惜教师无法认识到自己的问题，依然坚持用这种观点来判断学生的现在与未来。

二是看不到学生的"后人"。

在判断一个班集体时，教师也常常会因其中一个学生的表现差而全面否定整个班集体，可谓一丑遮百美；相反，教师也常常会因其中一个学生的表现好而全面肯定整个班集体，可谓一美遮百丑。这样"一叶"而"知秋"的评价方法都是不科学的，因为一个人不能代表将来，也不能代表全体。

在教学中，教师同样会犯这样通过"一叶"而"知秋"的错误。例如，一人答对，一人做对，就认为其他学生也是这样，于是我们经常看见教学中当教师听到一个学生的回答符合标准答案或预设思路时，就立马肯定并顺此而下，进入下一教学环节，而很少问其他学生的想法。反之，如果有一个人答错或做错，教师也常常以为整个群体都会错，于是拿出来大讲特讲，甚至杀鸡儆猴，然而有时这样的错误仅仅是个案，只需要个别辅导就行，这样在课堂上专门评讲只会浪费其他学生的时间。所以，教师在评讲之前，首先要弄清楚学生的解答错误属于个性问题还是共性问题，从而做到区别对待。

在小组合作学习中，教师也常常犯通过“一叶”而“知秋”的错误，以为小组代表的发言（大多是一些能说会道的好学生）真的代表着小组的意见。

在教学中，这种以好学生的表现代表全体学生的表现的看法，是造成教学失真的最大原因，由此常常让许多教师纳闷：明明课上学生学习顺畅，怎么课后作业就不顺利了呢？殊不知，课上教学的顺畅常常是一些好学生在撑场面，他们的“热火”表现掩盖了其他学生的苍白，于是出现了学习的“虚火”。

只见“树叶”，不见“树根”

“一叶知秋”负面效应的另一种表现是“只见树叶不见树根”，看到表面的外形就以为是事情的本质。

一是看不到学生的真心。

如今的学生是复杂的，复杂在学生有时所说的一句话、所做的一件事并非出自真心，可能是迫于形势的潮流，也可能是限于教育的要求，此时，教师就不能通过学生的一句话、一件事而推知学生的根本，也就很容易被学生这一句话和这一件事蒙蔽了眼睛。

学生的复杂还表现在思想行为的多变，昨天还是那个样子，今天已是这个样子，明天可能又换了一个样子。这是因为学生年龄还小，还处于见识不稳定和知识不稳定的发展时期，他们会随着环境的改变而改变自己。

例如，有一个学生在小学时是劳动委员，经常为老师、为班级跑前跑后，一个热心人、一副热心肠，年终常常被教师评为“三好”学生。然而，想不到的是，他踏上社会后竟然成为打架斗殴、欺弱压小的黑老大，这一前后判若两人的表现简直让当时看好他的教师大跌眼镜，始终想不通自己当时怎么就没看出来呢。

这种只看见表面而看不到本质的现象还很多，最根本的原因是我们难以看到学生的内心世界，如果不是学生自己倾诉衷肠，说出自己的想法，我们或许就一辈子不能看懂学生，这是教师看人存在的局限性，不仅看不懂，有时甚至还会看走眼。

【案例】女儿成了爸爸的妈妈

“六一”儿童节，陈诗峰先生带女儿去购书中心买书，人多，走散了，四处找，不见踪迹，突然听到广播：“陈诗峰小朋友，陈诗峰小朋友，请注意，你的妈妈在一楼服务台等你，听到广播后……”

陈诗峰在一楼见到女儿，问：“为何不说陈诗峰先生，你女儿在一楼等你。”女儿回答：“怕有坏人听到，冒充家长把我强行掳走。”

上述事例中，女儿是在说谎话，还是在开玩笑？是对长辈的不尊？还是对自己的娱乐？从表面上看，似乎是，但实际却不是。如果不是女儿自己说出原因，我们就难以“知秋”，可能会误会女儿的行为。当知道了其中的道理后，我们不得不佩服儿童独特的思维。

总之，我们仅仅凭着学生平时言行表现中的“一叶”，很难做到完全“知秋”——了解学生的内在思想。在教学中，我们似乎为自己能通过“察言观色”而洞察学生内心而洋洋得意，但知道了学生有时表里不一和也会伪装之后，我们对察言观色的结果也要谨慎行事。例如，有人把性格色彩运用到教育教学实践中，称为“因‘色’施教”，具体判断方法如下：

那些迫不及待并争先恐后举手的学生天性积极、反应敏捷，渴望通过最快速的自我表达获得最多的关注与认可，却常常因为思维不够严谨细致，在第一时间内给出错误答案，这是红色性格学生的代表，容易在教师不断的鼓励与赞美中得到更多的学习动力；那些不举手就直接回答问题的学生外向主动、自信坦率，带有明确的目标感和直截了当的行为方式，敢于挑战权威，容易因为外界的严厉训斥而产生强烈的逆反情绪，这是黄色性格学生的代表，常常因为教师不当的处理方式而与其发生冲突；那些默默皱眉思考、很少举手的学生相对内敛，缺乏主动性，不愿受到过多关注，习惯在深思熟虑、独立想清所有存在或潜在问题后再确定答案，这是蓝色性格学生的代表，所谓“不鸣则已，一鸣惊人”，长时间沉默后一旦被提问，他们最有可能给出最完美的答案；那些等着旁人答题的学生喜欢平静、安宁的生活状态，害怕被人打扰或与人发生冲突，对于教师的提问，与其努力思考或与同学抢答，不如耐心等待正确答案浮出水面后，一笔一画地记录下来，这是绿色性格学生的代表，安于现状的天性决定了他们在面对激烈竞争时，即使最快得出正确答案，也会本能地将机会拱手让人。

性格色彩理论认为，因“色”施教可以破解学生的性格密码。事实真的如此正确无误吗？未必。因为这种因“色”施教看到的依然是学生的表面现象，仍然看不到学生言行的根本，容易犯“一叶知秋”的错误，所以这种判断方法亦不可靠，只能供教师参考。

又如对于坐姿问题，我们只要看到学生身姿不端正，就推知学生又在分神，其实这种察言观色的方法不一定可靠。因为据研究发现，人不能一心两用。当学生全身心地投入学习之时，他们就不能再分出一部分精力用于保持自己的坐姿，于是身姿就会在不知不觉中“不端正”，但这种坐姿的“不端正”绝非学习的“不端正”。同样，据研究发现，人在极其专心思考的时候，视线会无意识地滑向窗外，所以教师有时看到学生眼睛不盯着你或者不盯着黑板，对着窗外或者移向他处的时候，别总以为学生在开小差，有时反而是学生积极思考的表现。

二是看不到知识的真芯。

在知识教学中，也处处存在着让学生的学习发生“一叶知秋”误解的现象，例如，我们的数学教材中编写的探究内容，其探究结果都是成功的，这样就可能给学生一种错觉，以为凡是探究结果都是真的，这也就不难理解为什么现在很少有学生会怀疑和能质疑。

然而，教材探究内容的这“一叶”是否就是知识的全部呢？答案显然不是。那么，怎么改变学生这种“一叶知秋”的偏见呢？这就需要教材或教师能够增加一些假命题让学生探究，从而让学生有一个完整和正确的认识。

【案例】增加学生失败的探究

教学“运算律”时，教材编排是把加法交换律和加法结合律、乘法交换律和乘法结合律分别放在一课时里进行教学的，这样的弊端是学生不容易联想到其他运算中是否存在交换律和结合律这一问题。

于是，我改变教材编排，改变教学思路，先把加法交换律和乘法交换律放在一课时进行教学，课题为“交换律”，把加法交换律作为引子，让学生顺势联想到“减法、乘法、除法中是否也存在着交换律”，由此展开探究活动，结果发现猜想有真有假。同样，第二课时再把加法结合律和乘法结合律放在一起进行教学，课题为“结合律”，把加法结合律作为引子，让学生顺势联想到“减法、乘法、除法中是否也存在着结合律”，由此展开探究活动，结果也发现猜想有真有假。

在思维方法上，“一叶知秋”大体属于不完全归纳法，但不完全归纳法因为其“不完全”可能让人依然感到结论的不可靠，也就是说逻辑力量不强是不完全归纳法的弱点。

那么，怎样增加不完全归纳法这种“一叶知秋”的可信性呢？一种做法是增加“叶子”的数量，也就是增加研究的素材。例如，“加法运算律”的教学，教师就应该增加举例范围，不能仅仅局限在几个例子上，也不能仅仅局限于简单的小数目加法，而应该让学生列举更多、更大的数进行验证，然后问问能否举出反例，这样摘到的“秋天的果实”更厚实。另一种做法是提高“叶子”的质量，这就需要教师能够为学生找到知识这棵树的“根”来证明结论的正确性。例如，关于“加法运算律”的教学，教材都是通过引导学生观察得出猜想，然后通过举例进行验证的不完全归纳法概括出结论的，因为时间的有限和知识的有限，学生尽管举出了许多例子，但依然“不完全”。对此，教师不妨增加线段图来证明加法交换律（如图 1）和加法结合律（如图 2），数形结合，一目了然，直抵本质，这样摘到的“秋天的果实”更真实。

图 1　　　　图 2

综上所述，教育和教学中的“一叶知秋”的弊病，主要在于由个体推知整体、由表面推知全面之中存在的误差，让教师看不到学生的全貌和真貌，让学生看不到知识的全貌和真貌，对此，我们要多看——多调查、多想——多研究，让教师能够看懂学生，让学生能够看懂知识，从而呼唤教育教学的真实。

原 解

《尚书·旅獒》：“玩人丧德，玩物丧志。”

“玩物丧志”，指迷恋于所玩赏的事物而消磨了积极进取的志气。

辩 解

07 “玩物”不一定“丧志”
——学习的最高境界是游戏精神

2011 年初，一个小学四年级男生自拟的“想得美”课程表引起了社会热议，“玩游戏，玩电脑，痛快玩，继续玩，再玩……”，在他的想象中，每天 7 节课，“玩”应占据绝对的中心位置。从某种意义上说，“想得美”课程表是学生在以一种特殊的方式，向社会诉说着童年的痛苦与无奈，宣泄着心底的渴望与反叛。

在许多人的印象中，“玩”似乎是孩子不好学的表现。因此，有些家长和教师一见孩子手离笔、眼离书、人离桌，就认为其又在贪玩而加以责备，平时也不赞成孩子玩游戏，认为是浪费学习的时间和丧失学习的志向。

曾经在一个父亲的微博上看到这样一句话：“你给孩子一个快乐的童年，他将会失去一个快乐的成年。”这位父亲担心孩子成年后不快乐，因为他的孩子童年的多数时间是在玩耍中度过，没有参加过任何兴趣班、辅导班。这种担忧可以说是许多家长不让孩子玩的原因，如今的“虎妈”和“猫爸”之争，似乎前者占了上风。

其实，“玩物”与“丧志”之间不存在必然的因果关系，玩物不一定丧志。贪玩无节制，确实于人有害，如有些同学迷恋电视、玩电子游戏机和一些品质低下的卡通图书等，他们整天无心向学，给学习与生活带来了诸多不良的影响。但如果玩而有节制，不仅无害，反而还有利于身心健康、品德修养和学业的进步。

毛泽东从少年时期就非常喜欢游泳，陈毅擅长围棋和桥牌，而曾两次获诺贝尔奖的物理学家居里夫人，就非常喜欢骑自行车旅游。他们都是名人，而且都是了不起的“玩家”，正是他们都“玩而有节”才做出了辉煌的成就，又有谁说他们丧志了呢？玩得好，不但有利于身心的健康，还有利于智力的开发。上海 12 岁的苇嘉俊就“玩”出了成果——穿绳器，在国际发明创造比赛中获了奖。

列宁曾经说过：“不会休息的人就是不会工作的人。”睡觉是休息，玩是一种更好的休息，在学习期间玩一玩、乐一乐，会使大脑得到调节，有助于提高学习效率，增进同学间的感情。

【案例】玩出来的科学论文

最近，著名的英国自然系列学术刊物《结构与分子生物学期刊》上出现了一篇与众不同的论文。在这篇论文的作者名单上，除了常见的大学讲师，居然还有一个网络游戏玩家小组。

这群游戏玩家们不但货真价实地参与了研究，而且是其中的主角，不信请看标题——《蛋白质折叠游戏玩家揭示一种单分子逆转录病毒蛋白酶的晶体结构》。

这个游戏的玩法是：在 3 周的时间内，通过玩一款叫做 Foldit 的蛋白质折叠游戏，玩家们帮助生化学家确定一种逆转录病毒蛋白酶的结构。确定这种酶的结构，就可能帮助科学家研制出能有效抵抗 HIV 病毒的药物。

问题就在于，蛋白质的三维结构实在太复杂了。想要在这不计其数的结构中找出哪一个最好，能让计算能力最强悍的电脑算到崩溃。

不过，华盛顿大学计算生物学家大卫·贝克想出了一个好办法——设计一款游戏，它使用世界各地的家庭电脑来解决与蛋白质结构相关的复杂运算。玩家不会看到专业术语，而是“拧”“固定”“扭动”“震动”等相当明白易懂的指令。

检测中，大多数玩家提供的模型都没有达到要求，直到一个名为“挑战者”的小组提供的模型出现为止。这是游戏玩家第一次解决长期悬而未决的科学难题。

其实，人类的大脑在某些方面展现出超过电脑的表现，无疑意味着人类还有很多潜力没有被开发出来，而游戏，也许不失为做到这一点的好办法。假如我们抱着研究的态度玩游戏，甚至可以从许多人都认为会“丧志”的娱乐游戏中发现一些有用的东西。例如，有玩家从《魔兽世界》游戏的公会管理中总结出公司管理理论，又有玩家从《DOTA》中总结出了投资理论。在他们眼里，游戏已经不单纯是一种娱乐，还是生活和工作哲学在游戏中的反映。在国外，还有学校专门开设了以游戏为研究对象的课程，如美国佛罗里达大学和加州大学克伯利分校，就开设了《星际争霸》研究课程，教学生如何学会管理。

不会玩的学生不一定是好学生

漫画家方成说：“每个年轻人都应该永远保持求知欲。不管你喜欢什么，哪怕只是喜欢‘玩儿’。老实讲，搞得好‘玩儿’，也是一种学问!”玩是儿童的天性，压制孩子的玩兴，等于压抑孩子的玩性，这样的童年将会是无味的，由此可能让孩子无为。作家何其芳的女儿何三雅说：“父亲是大作家，可能很多外人就以为我们家的孩子从小就是背诗词、练毛笔书法什么的，但我们小时候真没干过这些。小时候，我们就是玩。”

一是聪明的孩子大多顽皮。

苹果是当今风头最劲的科技公司，两个创办人斯蒂夫·乔布斯和斯蒂夫·沃兹尼克是两顽童。当年创业时，他们还一起搞恶作剧，比如用早期黑客技术，冒充国务卿基辛格给教皇打电话，这一场景，科伦·麦凯恩的小说《转吧，这伟大的世界》里也记载过。互联网的先驱，便包括这样一些玩家。准确地说，不是“玩家”，而是有着戏耍精神的行家。而今，很多卖出了大价钱的高科技公司，一开始也是“玩”出来的。哈佛大学的扎克伯格发明 Face book，开始是要做比较各宿舍楼女生哪个最“辣”的“脸谱”网。Youtube 的由来，据传是三个共同创办人在一次晚会后拍了很多录像，不知如何分享，故而鼓捣出了这个被谷歌天价买走的网站来。

聪明的孩子大多比较顽皮，喜欢玩，甚至喜欢搞恶作剧。重点中学的孩子大多聪明，他们搞的恶作剧高明得有时让教师还发现不了，同样这些孩子做的坏事也高明得让教师发现不了。

二是刻苦的孩子大体及格。

《论语》说：“知之者不如好之者，好之者不如乐之者。”有人问弗洛伊德，怎样才可以过快乐而且有成效的一生，弗洛伊德说：“爱着，工作着。”《玩耍的力量》一书中，作者戴维·艾尔肯德加上了一个词，玩耍。这样就成就了人生的金三角：喜爱、努力、玩耍。一个人成年之后的悲剧，就是将三者分离开，或者三者缺一。喜欢、努力却无玩耍则生疲惫，身累；喜欢、玩耍却不努力则无长进，心累；努力地玩耍而不喜爱则属应酬，身心俱累。

在学校教育中，学习人生的金三角也应该是：喜爱、努力、玩耍。遗憾的是，现实中许多教师并不认同“玩耍”这一要素，每次给学生写评语或是写推荐信的时候，喜欢写的就是所谓“刻苦学习”，很多家长也特别在意评价中有没有这个“刻苦学习”，好像不写上这一句，他的孩子品格就有缺陷似的。

其实，只会刻苦学习的学生未必是真正的好学生。从古到今有关读书学习的种种说教，让人感觉我们中国科学技术与经济的落后，乃至于文化文明的落后，很可能与中国人把读书学习当作苦事有关。因为读书被当成了苦事，人们也就耽于玩乐，怕动脑筋，久而久之，愚昧落后的种子扎进灵魂深处。

功利的读书，也和“苦读”意识有关。因为读书被当作苦事，所以只能以利诱之。古代“读读读，书中自有黄金屋；读读读，书中自有千钟粟；读读读，书中自有颜如玉”。如果再和“学而优则仕”或“仕而优则学”相结合，则读书不辍，有如十项全能，在社会上可以立于不败之地，于是始有苦读之徒，上演“悬梁刺股”“囊萤映雪”的活剧。

钱理群教授在回顾读书生活时说：“做任何事，刻苦的结语常常是两个字：及格；兴趣的结语常常也是两个字：出色。”这是我们应当记住的教育常识，不要让学生刻苦而学，应该让学生兴趣而学，而兴趣的激发，最直接的途径就是通过游戏活动，把学生的学习活动设计成游戏活动，让学生“活”起来、“动”起来，这是教师最高的教学艺术。

然而，现实教育的积弊让人并不乐观。当下课铃声敲响的时候，许多教师总爱这样叩问自己：我的这节课，教学任务是否完成，上得成功吗？有哪些环节处理得很好，还有哪些环节没有把握好？却鲜有教师这样自省：这节课上，我的学生学到了什么，他们快乐吗？他们在我的课上享受到了什么吗？

罗恩菲德说：“游戏——可应用于儿童一切的活动，儿童的一切活动都是自主自发的，活动本身就是目的。”儿童不喜欢程式化的学习方式，儿童的学习需要在儿童感到自由的情境中进行，儿童在游戏中享受着自由、积极的精神体验。游戏是儿童融入生活、体验生活的重要途径。杜威说：“生长，并不是从外面加到活动上的东西，而是活动本身具有的东西。”由此可见，游戏就是儿童的学习和生活。

儿童的生长方式主要是游戏。我们关注儿童游戏，研究游戏，让游戏回归校园，让儿童回归游戏。我们主张，学校应是儿童生命成长的另一种游戏场。尊重儿童的喜好，深刻理解并完善儿童成长的方式，便能创造出儿童喜欢的学校。

学校应该每天都有或分散或集中的游戏活动。例如，一年一届的校园游戏节，一月一次的游戏比赛，一天一次的课间游戏活动，都能给孩子们提供广阔的游戏舞台。我们还可以开展日常的年级游戏活动、班级游戏活动、游戏汇报展示活动等。在校报上，可以设置固定的游戏栏目，如《老师教你玩游戏》。

游戏精神集中表现为自由精神、开放精神、体验精神、主体精神、合作精神和公平竞争精神。我们应该将游戏精神融入学生的学习生活：第一，将学习者作为游戏精神的载体。游戏精神对于儿童具有内在的亲和力，可以唤起儿童的主动性和自由想象力，对学习活动产生积极影响。第二，将学习活动作为游戏精神的载体。我们让儿童把在游戏中展现出的自由、开放、合作、体验、公平竞争等精神迁移到学习活动中去，充分唤起儿童学习的主体性和创造性。

不让玩的教师不一定是好教师

美国专栏作家丹·萨维奇认为婚姻良性的爱人关系应该是3G：Good，Giving，Game——美好、给予、游戏。由此借用到教育中，教师和学生之间的关系也应该是一种“良性的爱人关系”，同样应该是3G：Good，Giving，Game——美好、给予、游戏。“游戏”可以润滑师生之间的关系，让你的学生喜欢上你，并由此产生良性循环，一个学生怎么会不喜欢自己喜欢的老师的课呢?!

一是让孩子名正言顺地玩中学。

中国的孩子“小升初”之前就要关在教室里紧张地准备考试。而美国的孩子在“小升初”前，教师却让他们到“自然课堂”玩一番。

所谓“自然课堂”，就是在小学毕业前，整个毕业班去外州野营一个星期，学习野外生活的经验。哪怕是下着暴雨，孩子们也都在森林里探险。营地的教官指导他们如何在雨天利用白桦树树皮上的胶质钻木取火，如何尝试在没有食物的情况下靠吃植物、昆虫、动物而生存。这就要求他们准确地辨认什么植物有毒，什么昆虫或动物适宜食用。他们抓了蚯蚓，然后砍成两半，把其中的一半拿到自己生的野火中烧烤食用，另一半放生。他们由此懂得了这样的知识，蚯蚓有四颗心，如果被砍成四段，只要每段都有心，就都能存活下来。

美国小学毕业班的纪念册，在孩子的个人信息中，有一项是“什么是你小学最难忘的经历”，几乎所有的孩子都说是“自然课堂”。毕业前，整个毕业班还集中在大礼堂看“自然课堂”的幻灯片，一起回忆这段难忘的经历。结果孩子们整场都兴奋地欢呼、尖叫，让在座的家长深受感染。一些早就毕业的大孩子，包括已经上了高中的，一谈起“自然课堂”就满眼梦幻。一位高中女孩说，她当年参加“自然课堂”，在野外一天后，晚上最后的节目是“唱倒”：孩子们一起对着月亮唱歌，直到唱得筋疲力尽，倒下睡着。

面临互联网、iPhone时代的种种挑战，小学生不好好在教室里做题、打好现代科学技术的基础，反而跑到野外学习原始人的技能，这样的教育是否有些“文不对题”呢？

其实，人类迄今为止的所有进步，都可以归结到人类和自然的关系这一根本问题上。如果把人本身也当作自然的一个有机部分的话，那么所有科学技术，说到底就是如何利用、驾驭自然。书本上的知识，是别人嚼剩下的馍，是把别人发现的自然规律传授给你，你并没有读自然的“原典”。“自然课堂”，则是让孩子自己去面对自然的“原典”，以激发他们原创性的解读。达尔文曾提出过一个假说：同样的动物，野生的比家养的要聪明。因为野生环境太复杂，不停地刺激动物做出应对，使之更有主动性。家养动物则在别人安排的环境中生活，没有这些挑战，难以激发其智力的发展，渐渐被动。

【案例】美国妈妈逼我玩

高二那年，华东师大一附中的李逸超成了赴美交流学生。刚到美国时，负责接待他的美国“妈妈”给李逸超指出过一个“缺点”，就是不会玩、不会放松。她规定：“你每天至少让我看到有一小时在玩，否则我就把你送到别的家庭去。”

美国高中下午2时40分放学，学生们回家就玩游戏机或电脑，玩累了出去打篮球或垒球，或约同学去逛街。看到美国学生那种由内而外散发出来的阳光气质，李逸超很羡慕：“他们活得那么自由自在、无忧无虑。很多中国孩子没有爱好，在他们父母眼里，有爱好就是浪费时间。好学生的标准就是成绩好，有没有出息全看成绩。”

卢梭在《爱弥儿》中说：“大自然希望儿童在成人以前就要像儿童的样子。”什么是“儿童的样子”？童真、童稚、童心是儿童的样子；自由认知、自然成长是儿童的样子；快乐探究、新奇幻想是儿童的样子。我们什么时候才能让孩子放学后不再沉入“题海”，不再去赶各种补习班，有个儿童真正的样子呢？这不仅是家长需要思考的问题，也是教师需要研究的课题。

【案例】忙趁东风放“飞机”①

那天上高鼎的诗《村居》一课，孩子们一边朗诵着“草长莺飞二月天，拂堤杨柳醉春烟”，一边想象着迷人的春色。诗的后两行是“儿童散学归来早，忙趁东风放纸鸢”。我问：“儿童早早放学归来后做什么呢？”我以为学生会自然接出下句：“忙趁东风放纸鸢。”谁料，大部分同学竟然答道：“忙趁饭前做作业！”

我晕了。怎么能这样来“篡改”名诗呢？可细细一想，孩子们这样回答并不奇怪。每天下午放学前，学校门口总是聚集许多家长。铃声一响，孩子们个个如出笼的小鸟飞出校门。殊不知这些小鸟被家长接回家后，又进入了另一个笼子，他们唯一的任务就是写作业。在众多的作业重压下，孩子怎么会有闲暇去“放纸鸢”呢？

听着学生并非“搞笑”的应答，我的心情十分沉重。我想，应该

① 作者是安徽省马鞍山市王家山小学教师张旭华。

创造机会让孩子们在这醉人的季节放飞一下久违的“纸鸢”。于是我决定今天不布置书面作业，每个孩子回家折一架“纸飞机”。孩子们一听感到十分意外，都疑惑地望着我。“老师让你们在课间忙趁东风放‘飞机’，体验放飞的快乐，感受春天的美好。”孩子们顿时欢呼起来。

教师要做到寓教于乐，让学生在玩中学、学中玩，一是可以像上述案例那样在课后游戏中学习课内知识，二是可以像下面案例那样在课后游戏中复习课内知识。

【案例】棋子大战①

我们班的男孩子，特别喜欢下棋，于是我想出了一些新的花招。首先把课文中的重点字的读音一一写在自己制作的棋子上，一盘完整的棋子要用不同的颜色进行制作，这样便于判断。

我们就拿“五子棋”的玩法举个例子。五颗棋子成一条直线就能吃掉对方的一颗棋子，直到把一方的棋子吃完对方认输为止。别急，你要想吃对方的棋子没有那么简单呢，需要把这五个排成一条直线的棋子上面的读音和意思都说对，才能够吃对方的棋子。

慢慢的，一些基础比较差，往往又很懒惰的学生忽然也变得积极起来，他们会为一个字的读音是否读正确、一个词的意思是否说明白而争得面红耳赤。我这个语文老师也忍不住在那里窃笑。

无独有偶。据报道，由福建省福安市穆云中心小学教师张容声设计、制作的“中国语文扑克”获得国家发明专利，并在香港国际专利博览会上获得金奖。张容声老师以中国汉字为基础，以《新华字典》收录的汉字为依据，按照小学语文课本各册的生字编写程序设计了“中国语文扑克”。一个生字设计一张扑克，全副扑克共有2000多张，分12部分。玩牌者分别通过组词、造句、写话、写段、吟诗、拼短文等语文训练手段进行组合、出牌、应答，直到把手中的所有扑克打完，先者为胜。或将组合后，余下的单字牌由首取者始依次打掉。每次打

① 作者是浙江省杭州市北秀小学教师崔伊静。

一只，下一位游戏者接着进行组合，决定取舍。如果没办法组合，即在余下的扑克中拿一张……直到单只打完，语文训练手段完满为止，先者为胜。学生玩一次“中国语文扑克”就等于做了一次多功能的语文综合练习，完全把做作业和识字学文等寓于游戏中。

二是让孩子设身处地地玩中学。

逃课、代课、帮答“到”，这些在大学校园里司空见惯的秘密行为，如今被堂而皇之搬到了网上。仅仅三周的时间，这个由学生自创的“逃课网”吸引了上千粉丝。“逃课网”的自宣台词很醒目：“加入逃课网，感受鲜活有趣的大学生活!”“逃课网”还推出了“换课行动”，就是用一节自己不感兴趣的课跟别人换一节感兴趣的课。“逃课，也不一定是差生。有些老师上课是照本宣科，还不如回家自己看教材。”一名网友在武汉理工大学念书，成绩优异的他也有过逃课的经历。

当“逃课”成了“必修课”，学校和老师该如何令逃课者“浪子回头”呢？排除那些寻求刺激的学生，剩下更多的是对老师教学工作的一种反思，思索如何改进教学方法很重要。单纯地“堵”解决不了问题，应对之策是疏导。学校应激发学生的学习积极性，并鼓励教师革新教学内容和教学方式，最大程度地凝聚课堂人气。其中，用游戏的形式可让学生设身处地的在情景中学习，可以把课上活，也可以把课上火，是吸引学生热情参与、热烈思考的一条很好的教学路径。

例如，一位教师执教《麋鹿》，采取了游戏的形式，让学生争当导游进行介绍，从“一级导游”，到“高级导游”，再到“特级导游”，层层推进，调足胃口，其中还穿插导游与“游客”的对话。游戏与学习无缝对接，不仅帮助学生深入理解课文内容，而且趣味盎然，达到了引导学生结合文本用自己的语言来组织说明事物特征的训练目的，学生学得积极、主动、活泼。

又如对“心花怒放、捧腹大笑、哄堂大笑、前仰后合”的成语教学，一位教师让学生把这些成语表演出来，一个学生表演“捧腹大笑”，他到位、夸张的表演逗得同学们“哄堂大笑”，教师趁热打铁：“刚才课堂上的情景可用哪个成语来形容？”同学们异口同声：“哄堂大笑。”这样教学激发了学生的兴趣，活跃了课堂气氛，又使他们在愉快的表演中增加了成语积累。

不同的厨师用同一材料做菜，做出来的菜色、香、味、形往往各不相同。我们的教学如果对同一训练内容经过不同的包装，效果也会迥异。假如我们的课堂教学能够像动画片一样吸引学生，他们就会像玩游戏一样投入，一样有激情，就会感到上课是一种享受。

【案例】“拷贝不走样”的游戏作文

我上了一堂“拷贝”的游戏作文课。课始，与学生玩“拷贝不走样的游戏”，学生热情高涨，倾情投入，接着提高玩的难度，要求学生以语言拷贝老师做的一系列动作、表情，以此指挥没看到老师表演的同学，让他再现过程，结果笑话百出。学生悟到，要想真实再现活动，必须观察细致，语言表达准确、具体。我因势利导，出示一段描述占旭刚举重的片段，让学生边读边表演其中的动作、表情，学生兴致盎然，欲罢不能。于是我进一步拓展：“在我们的周围，这样的一瞬间很多很多，只要我们留心观察，都能把生活真实地再现。”

这节课，教师把教学意图隐藏于游戏之中，从游戏到写作，不露痕迹，达到了理想的教学效果。当然，创设情境的方法还有很多，如下面案例中的“大型”扮演体验情境，别开生面，可谓跳出了课堂，跳出了教师常规的教学方法，不再是小敲小打，而是大张旗鼓地让学生在游戏活动中真切地体验知识。

【案例】纳粹离我们有多远

1967年，历史教师琼斯为帮助他的学生们理解什么是纳粹主义而精心安排了一次“教学实验”。他提出了“纪律铸造力量”“团结铸造力量”和“行动铸造力量”的口号，以严格的纪律约束学生，在班里大力鼓吹集体主义精神，并成功地让学生们把自己视为精神领袖。在他的带领下，自豪而亢奋的学生们不仅统一了思想、着装和行动，还组成了一个名为“浪潮”的团体。他们的“领袖”琼斯为这个团体设计了一个标志性的动作：用右臂从右往左划出一个波浪状的曲线。“浪潮”的扩展是神奇的，学生们四处发放传单，积极扩大组织，很快就从 20 人变成了 200 人。

最后，琼斯为这些年轻人播放了一部德意志第三帝国的影片，让学生们猛然醒悟到自己的行为和心态与影片中的纳粹分子竟是如此相近，被控制下的排他性集体狂热会如此容易就变成了生活中的真实。而这一切的转变，仅仅用了 5 天的时间。

在学科教学中，似乎数学给人的感觉最不好玩，然而在一次国际数学大会上，著名数学大师陈省身教授给广大少年数学爱好者题词。他的题词只有四个字——“数学好玩”。从阿基米德在屠刀下对罗马士兵怒斥“不要弄坏我的圆”，到被称作“美国的国家财富”的马丁·加德纳的“趣味数学狂欢节”，我们领会了数学带给人的无限乐趣。那在逻辑的推演中获得的一次次意外惊喜，是“好玩”向善思者抛掷的绣球。

有一个故事，是已故历史学家唐德刚教授讲的。他说：“胡适先生曾经说《红楼梦》不是好小说，因为它没有主题。”唐德刚问他：“《红楼梦》不是好小说，你为什么要研究它呢?”胡适先生回答了两个字：“好玩。”——又是“好玩”。是啊，除却“好玩”，我们又该如何恰切地评价这部人间奇书呢?

“好玩”，是一个能够达到俯瞰风景的高度的人说出的一句妙语。如果我们还没有达到某种高度，我们所体察到的多是“不好玩”。长期以来，我们多么喜欢标榜“苦”——苦读苦学、苦研苦干，仿佛离了苦就靠近了轻狎与怠惰，仿佛只有苦才可以约会到鲜花与掌声。其实，“趣”的含金量远高于苦。

综上所述，让学生“学中能玩”，是教育的理解，是好教师的要求；让学生“玩中能学”，是教育的理想，是好教师的追求。“游戏”教学，教学“有戏”，学生会学得更有趣、更有劲、更有效。

原　解

晋·葛洪《抱朴子·百家》："正经为道义之渊海，子书为增深之川流。"

"一本正经"，原指一部合乎道德规范的经典，后形容态度庄重严肃。

辩　解

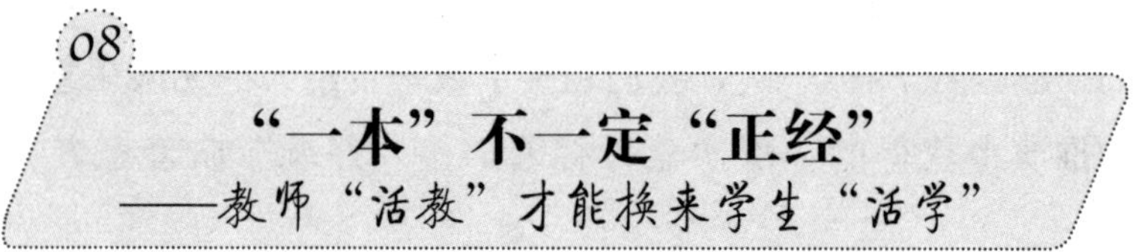

08 "一本"不一定"正经"
——教师"活教"才能换来学生"活学"

当今的教育教学，给人的感觉是"严"字当头，编排严谨、思想严格、知识严密、态度严厉、气氛严肃。在如此境遇下，学生只能正襟危坐，感觉生活在学习的"严冬"状态。

其实，教育教学的面孔完全没有必要一本正经，一是因为教材无非是个例子，教师完全可以根据生活实际和学生实际改编教材，通过加与减、分与合、升与降的合情合理处理，使之更贴近当时的教学；二是因为教师无非是个样子，教师只是学生学习活动的组织者、指导者和合作者，教学的主体、学习的主人应该是学生；三是因为教学无非是个方子，教学有法，但无定法，贵在得法，适合学生的教学方法就是好方法。

课本内容不一定很正统

在一个采访中，当梁文道被问到学校教育经历对其影响时，他答：“感觉被教育体制压制得很厉害，上中学时我常想一个问题，小学到高中，我们12年在念的那些课本为什么都那么笨、那么傻？”是啊，我们现在的课本普遍很“高调”，一是形态很高，思想性痕迹很重，让人敬仰，在这样的教材观之下，学生听到的是更多的说教，思想不能有所松懈；二是姿态很高，权威性很重，让人敬奉，在这样的教材观之下，学生听到的是更多的说好，思路不能有所松动。其实，课本的调子大可不必一本正经，而应做到亲近学生。

一是不要总是让学生成圣人。

教育的最终目的是什么？就是让人活得有自信、有尊严，不管面对的是谁。让人“趴”着学，只会让人越学越“矮”，越学越没自信。然而，我们的教材，我们的教学，总是一本正经，大讲道理，高高在上，常常让我们的学生跪下学。

【案例】“跪下学”①

在分析《为中华之崛起而读书》时，老师先要学生朗读周恩来回答魏校长的那一句话：为中华之崛起而读书！要求读出铿锵有力的语气，一遍又一遍，当读得颇有一些激情时，老师问大家：“周恩来这时几岁？”

同学们齐声回答：“十二三岁。”

老师接过话儿：“是啊，他这个时候还只有十二三岁哪！同学们，你们现在几岁？”

几乎又是齐声回答：“十二岁”，有几个说“十三岁”。

① 作者是浙江杭州市萧山区教育局教研室朱华贤。

老师睁大眼睛，逼视着大家："你们的年纪和当年的周恩来差不多，你们有他这样伟大的志气吗?"

学生们不假思索："没有。"

"是的，我们谁也没有他这样的伟大志气！可是，周恩来从小就有，多么了不起啊！让我们再来好好朗读一遍。"

周恩来是伟大的，从小就胸有大志，但他的这种志气，并不是生下来就有的，也不是无缘无故产生的，而是在耳闻目睹各种事实之后才渐渐形成的，特别是在外国租界地看到的那一幕，才使他对"中华不振"有了更深的理解。如今的学生也许确实没有周恩来小时候这样的志气，但这不是他们的错，因为志气是在特定的时代和条件下形成的，志气不是空穴来风。

我们的教育并不是让学生在对比中跪倒在伟人脚下，然后觉得自己的渺小和卑微，也不是为了给学生一种自卑感，让他们在忏悔中醒悟。假如这样，我们的教育就是失败的。可是，我们有些教师在教育中，总是有意无意地让学生一次又一次地"跪下"，特别是在教学那些赞扬伟大人物或英雄人物的内容时，有的故意拉大学生与文本人物的距离，用贬抑孩子自己的方法来抬高伟人，有的要学生在自己的忏悔声中"趴下"，然后用教徒般虔诚的眼神去仰望文中的人物。这无疑是可悲的，是一种可怜虫式的教育。

我们的教材能否轻松一点呢？能否少一些大道理呢？能否更儿童化一些呢？这不禁让人想起以前的老课本，乐讲小道理。

2010年，叶圣陶编写的老课本《开明国语课本》在毫无准备的情况下迅速走红，2011年，《民国小学生作文》等书纷纷热卖。热卖背后的原因，首先是其对应试教育存在启迪意义。民国老作文，让人读到了那时孩子们简练而又干净的语言，看到了他们真实而又亲切的内心，与现今孩子们为应付作业而写出的"假大空"文章成云泥之别。人们爱看那时孩子的作文，实际上怀着的是对教育现状的种种遗憾。其次，人们读《开明国语课本》，多为叶圣陶对儿童心理的了解而赞叹，为丰子恺的插图而折服，对民国那个大师辈出、百家争鸣的时代更添几分向往。

编课本的叶圣陶，尤其懂得儿童的语言，譬如“太阳，太阳，你起来得早，昨天晚上你在什么地方睡觉?”儿童讲话，没有意义，但有意思，只在乎吃饭、睡觉、玩，并不关心太阳发光发热、普照万物有多么伟大，“带来光明，温暖了人间”这种大道理，这套课本里没有。

没有道理的课文还有：“三只牛吃草，一只羊也吃草，一只羊不吃草，他看着花。”为什么是三只牛，两只羊？为什么唯独有一只羊不吃草？没有答案，不为什么。课文短小，但可教的东西很多，首先学数字：“三、一”；其次教生字：“牛、羊、草、花”；最重要的是，课文告诉小孩，即使是牲畜，也并不只晓得吃草，里面有一只羊，与众不同，它看花，有灵性，也有享受生命的一刻。不像以后的课本，提到牛羊，重点是“全身都是宝”：肉可以吃，奶可以喝，皮可以穿，都从图利着眼。

民国老课本的美，不仅仅是文字的美、文学的美，一些“说教”也渗透其间，不过，这种渗透一点也不空泛，甚至不着痕迹。

影响也好、渗透也罢，任何一种课本都有着这样的“宏愿”，只不过，民国老课本更平等、更温润、更能贴近孩子们的心灵。没有强迫，没有指令，没有暴力，它首先撩动你、触动你，入眼入心，沁人心脾；其次体贴你、包裹你。在这样的课本中，每一个人想必都能感觉到沉静、大气，而非焦躁、戾气。

一套《启蒙国文》在编辑大意中说：“惟所有材料必力求合于儿童心理，不好高骛远。”是啊，难怪有人说，现在的教材与其教给学生十分正确的不理解，还不如教给学生不十分正确的理解，这是由学生年龄特征决定的。

二是不要总是让教材成圣经。

教材是一个系统。系统论告诉我们：一个系统只有开放，不断地和外界进行物质、能量、信息的交换，才能从无序到有序，从低级到

高级。所以，教材应是一个开放的系统，它不应仅局限于学科知识体系的自我完善，还应在被使用过程中积极创造条件吸引并吸纳人及其所在环境对其的完善，这样的教材才可能是“活生生”的、“立体化”的。

关于教材的地位。首先，教材不是唯一的课程资源。在以“本”为本的旧教育观念指导下，教材成了唯一的课程资源，成了师生诵读的“圣经”，什么都必须忠实教材，把教材“改头换面”就可能被视为“大逆不道”。如今，在以“人”为本的新教育观念指导下，人们正视了信息传播过程中人和环境的因素，在书本知识传输的同时，人与人、人与环境不断“碰撞”所产生的“火花”就有可能成为补充教材、丰富教材的资源，由此，教师、学生、环境都应该是课程资源，教材不再是唯一的课程资源，应鼓励教师对教材进行增删、重组或整合。其次，教材应是学生的学习材料。长期以来，教材一直重在为教师的教服务，很大程度上成为教师教的“参照物”和“剧本”，学生只在圈划知识点、做作业时才须用教材，多数时间教材仅为课桌上的“装饰品”，在此意义上，教材对学生而言只是一本“工具书”和“练习册”。如今，教材的使用主体正在逐渐转向学生，通过教材改革和教学方法改革努力使教材成为学生学习的“学材”，还给学生对教材更多的使用权、“编写”权和“修改”权，让教材在学生“手”中生成、完善、升华，在此意义上，教材对学生而言好似一本“配料书”和“地图册”，用料的“采购”、“烧”法的选择或行囊的“配备”、“走”法的选择等尽可能由学生自己解决。

关于教材的编写。首先，选材力求生活性。现在的教材应为教师引用更具时效性、更切合本地学生实际的生活素材作为教学材料提供更大的余地。例如，鼓励教师根据需要改换例题的情节，对一些易变的生活数据（如商品价格、储蓄利率等）不妨设置为空格，让师生视实际情况填入补成完整题目。其次，包装力求情趣性。把枯燥的数字“披”上生动（可转化为动态的设计）、活泼（形式的多样）、美观（图片、色彩的丰富）的“外衣”来包装教材内容，可以引起学生的有意注意，诱发学生的学习兴趣。另外，特别在低年级，还可以把一些实用性较强的教材内容（如认数、认识时间、认识图形、认识人民币、统计等）以故事情节串联成“连环画”形式呈现。再次，样式力求探索性。传统的教材设计样式大多是先呈示明确的对象（且条件充分），再呈示明确的分析（且解释详尽），最后呈示明确的结论（且表述完整），给学生“明明白白”的全过程服务，即使有一些“空白”，也只是“小敲小打”式的。这种教材极可能使教师陷于“两难”：若把教材完全“交”给学生，知识无须由学生来“创造”就已明示；若不把教材“交”给学生，教材就只是教师的“教材”，并且可能有部分学生会自觉阅读教材，这样就可能使教师将要实施的“创造”教学失去意义。由此，对一些离学生比较“近”的教材，特别是在中高年级，我们可根据具体情况将教材编写成以下几种样式。

1. 研究报告式。对一些学生运用已有知识探索出结论的规律性的后继教材，例如，“运算定律”“能被 2、5、3 整除的数”“比例的基本性质”“圆的周长”“圆锥的体积”等，教材不妨隐去所述结论，只提供一些实验研究的策略方法的建议，让学生通过操作尝试、猜想验证、合作讨论自己得出结论，课中教师需为学生提供足够的实验材料、调节学生研究方向并收集学生发现的与众不同的做法。

2. 设计报告式。对一些结构与前学教材类似的后继教材，例如，“三角形的面积”的后继教材“梯形的面积”、“最大公约数”的后继教材“最小公倍数”、“成正比例的量”的后继教材“成反比例的量”等，教材不妨加大“空白”部分面积，只提供一些线索，让学生自己迁移在前学教材中学习的方法而设计出新学教材内容，让学生把教材“编写”完整。课中教师需根据学生反应采用和调整相应的教学策略，疏“堵”排“难”。

3. 调查报告式。对一些与现实生活联系密切的概念性起始教材，例如，“认识图形”“年月日的认识”“百分数的意义和写法”等，教材不妨只提供一些要点，让学生课前到日常生活中去调查相关内容，或实地考察、或查阅资料、或咨询长者，课中教师让学生充分汇报，从而整理加工出所学知识或部分知识。教材可增加课前和课后开展实践性活动的指导意见，实现"大课堂教学"。

总之，我们应该树立这样的教材观：一是"教材"并非教学之"第一"——回答"为什么可以改进教材"的问题；二是"教材"并非教学之"唯一"——回答"怎样改进教材"的问题；三是"教材"并非教学之"归一"——回答"改进教材后是为了什么"的问题。这样的教材"薄"了——文字少了、空白多了，但对学生的培养却"厚"了——依赖少了、自主多了。

剧本形式不一定很正规

如果把我们的课堂演绎比作剧本演出的话，那么其中唱戏的主角常常是教师，唱戏的主调常常是正剧，给学生的感觉就是一本正经。其实，教学是一种艺术，既然是艺术，就应该具有艺术的轻松与浪漫。

一是教师不要总唱主角。

在课堂教学中，教师不一定总是做"堂主"和"教主"，也可以让位给学生，让学生做"小老师"。教师可以积极引导学生思考这样一些自问自答的问题："假如我是老师，我将怎样教学生？我将怎样考学生？我希望学生掌握哪些要点？"这样的角色转换有利于学生主体作用的发挥。

【案例】学生做教学笔记

苏联莫斯科州斯维尔德洛夫村一名叫娜佳·玛赫娃的学生，常常假设自己是老师，并准备了教学笔记，在上面写上学生名单，还自己扮演学生回答问题，对每个回答都打分数。

这样过了一段时间后，娜佳发现："从前，地理课对我来说就像苦役一样。而现在，当我从学校里一回来，就想立刻把功课做完，好去读地理。为什么这样呢？就是因为当我这样做的时候，我就想，我是老师，而不是学生，所以我就有了兴趣……为了使我对地理的兴趣不减弱，我要坚持做一年的教学笔记。”

学生在做“小老师”的过程中，教师可以鼓励学生对他人试讲，可以对父母试讲，也可以对同学试讲，还可以对老师试讲。“小老师”在准备给别人讲的时候，自己首先要弄懂。列夫·托尔斯泰说过这样一句话：“知识，只有当它靠积极的思维得来而不是凭记忆得来时，才是真正的知识。”准备讲的过程正是运用这种积极思维的过程。有人说，当你说的观点别人听不懂的时候，说明你还没有真正掌握这个观点。“小老师”要讲给别人听，多数情况下要用自己的语言，而不能鹦鹉学舌似的背诵，这就要求“小老师”不但要知其然，而且要知其所以然。试着讲给别人听就是强迫自己弄懂那些似是而非的问题，使自己的记忆得到巩固和增强。

【案例】“今天，我是你们的学生”①

《活见鬼》是一篇文言文，那些年仅 11 岁的小孩，能读懂这样一篇文章吗？因此我一直拖着，将其拖成了孩子们关心的焦点：“全年级就我们班没讲了呀！”

“不是不给你们讲，”我老老实实地说，“我是怕我讲了你们也听不懂！”

“不就是文言文吗？您不用讲我也能弄懂！”有人喊道。

“你们能自己弄懂？你们要是能弄懂，我叫你们老师！”

第二天，我走进教室，说：“同学们好！”奇怪，按例他们应该叫“老师好”，但他们没有。原来他们想当我的老师。

“想当我的老师——”我慢吞吞地说，“也不是不可以！可是你们得先把我教会！这样吧，你们一人讲一个问题，直到我彻底没有疑问

---

① 作者是江西省安远县九龙小学教师杜春蕾。

了，你们就算把我教会了，怎么样？”他们答应了下来。

“请您把书翻到《活见鬼》一文。”第一组第一排的小男孩正儿八经地说，“把这篇文章读一遍给我听。”

“老师，”我说，“我不会读！”

“啊？”那小子一下子愣在那里。我得意地笑了：“我是笨学生。”

这时，第二个孩子站了起来，是个女生，说：“不会读没关系，我读一句，您跟一句，好吗？”要说这孩子还真是下了苦功，读得有节奏、有语调、有感情。

“您真有天分，一教就会！”这孩子，还表扬我哩！“现在您自己读一遍吧！我相信您一定能读得比我还好！”我当然能比这丫头读得好，孩子们就叫起好来：“读得真好！”“简直像电视里的播音员！”……

“老师！”我毫不客气地打断他们的吹捧，“请问这篇文章讲的是什么内容啊？”

“这个问题提得好啊！”第三个孩子站起来说，“这篇文章是说，有一个人赴宴后深夜回家，又赶上天下大雨……”这小子居然连书也不看，就把译文背了下来。

一节课上完了，教学水平虽然不能与本人相比，但孩子们准备得真的很不错，连最差的学生都能说出个所以然来。我不等他们开口，就恭恭敬敬地鞠了一躬，说：“老师在上，请受学生一拜！”

另外，学生在自学过程中，会自我感觉是否都看懂了，没疑惑了。此时，让学生作为一名“小老师”，提出考查其他学生自学情况的问题，既是让他们对自己自学情况的检查，还是对文本内容的深度加工，在相互交流中有时还能发现自己思维的盲点。

【案例】学生换位考查提问

教学“分数除以整数”一课时，我布置学生课前自学，并要求学生作为一名“小老师”提出考察性问题，实践结果令我大为惊喜，学生共提出了如下5个问题：(1) $\frac{4}{5}\div 2$ 这个算式表示什么意思？(2) $\frac{4}{5}\div 2$ 从图上平均分是把什么看作单位“1”？（3）$\frac{4}{5}\div 2$ 这个算式书上介绍了两种计算方法，为什么练一练中只有一种？（4）分数除以整数有几种计算方法？（5）通用的分数除以整数的计算方法是怎样的？

这些有价值的问题，为新课的深度学习开启了行进的路径。由于问题是学生自己提出的，他们在后续学习中的讨论和争辩就兴趣盎然、思维激荡。

二是严肃不要总唱主调。

曾经在杂志上看到一篇题为《幽默交警》的文章——

成都的谭乔被誉为“史上最幽默交警”。有一次，谭乔抓住骑电动车的一家人，小女娃蹲在前面，老爸骑车，老妈坐在后面。谭乔问：“小朋友，会不会唱《吉祥三宝》？我这儿有首歌，你用《吉祥三宝》的调调来唱。‘爸爸，电动车可以载人吗？’爸爸你应该说‘不能’，你唱‘那为什么你载着我和妈妈？’爸爸说‘我错了’，然后‘我们全家就是危险的一家。啊’。”谭乔导演的这出“危险三宝”一定会让很多人对违章的危害认识更深刻。

在“请勿横穿三环路”的标志前，一名正翻越围栏的市民被谭乔拦下。谭乔笑眯眯地走上前去，这一次他把自己变成“小沈阳”：“其实横穿三环路吧，挺短暂的，你前脚一迈，后脚一收，这一趟你就过去了；你前脚一迈，后脚来不及收，这一辈子就过去了。哈——”这种独特的批评方式，让这名横穿马路的市民在笑声中增强了交通安全意识。

中外教育调查显示，未来最受学生欢迎的教师类型中，富有幽默感成为教师不可或缺的必备素质之一。一名优秀的教师，不应该只把课堂当作传递知识的场所，更应该把课堂当作师生交流思想感情、碰撞智慧火花、启迪智慧灵感的其乐融融的“磁场”。能使教学产生快乐情趣的方法很多，但最直接、最有效的还数幽默。

幽默之于生活，犹如青葱之于食物，虽然不是绝对必要的，但却能给生活起到点缀、美化与调剂作用。幽默之于教学，恰似催化剂之于化学反应，也如润滑油之于机器，能使教学过程更和谐、更流畅。但教学幽默除了具有一般可笑性外，更具有教育性，其"形"是幽默，"神"则是教育。

知识可以是严肃的，也可以是生动的，关键看你怎样选择。如果摆在你面前两个选择：一本题为《论在选择性激光溶合过程中 n2448 钛合金成分的微观结构关系》的生物工程学博士论文和一段叫做《爱情故事》的音乐舞蹈短片，你看哪个？毫无疑问，大多数人会选择后者。虽然生物医药学方面的博士论文很有学术价值，但对于看不懂专业名词的人来说，它无异于废纸一团。

不过，这段《爱情故事》舞蹈的男主角恰是论文作者乔尔·米勒，舞蹈展示的就是论文的内容——钛合金是如何连接骨头的。《爱情故事》是今年《科学》杂志举办的"跳出你的博士论文"比赛的冠军作品。这个比赛要求作者将自己晦涩的论文用跳舞的方式拍成短片展示出来。在《爱情故事》短片里，米勒扮演的"金属钛"男，爱上了白衣飘飘的"骨头女"。为了和对方天长地久，钛男试图用两种接骨方式与骨女相处。最终，他成功地将两种方式融合，打扮得像超人一样，牵着骨女的手飞向远方。由此我们不禁感叹，抽象严肃的论文竟然可以用形象生动的故事表现出来。

【案例】小学女教师用漫画诠释《论语》

漫画中，老师在讲台上讲道："有位老爷爷留着长胡子……"一名学生只记住了"爷爷留着长胡子"这句话。放学后，他走在路上看到一位老人走过来，但是没有留胡子，而老人身后的一只山羊却留着长的胡子。这名学生竟然对着山羊鞠了一躬，还喊了声"爷爷好！"

这幅漫画演绎的是《论语》中"学而不思则罔"的道理，它出自西安一名年轻小学女老师解瑞颖之手。为了让学生和更多人了解并实践中华传统文化和美德，她历时两年，将《论语》的 50 个经典语句画成漫画。

"《论语》是中华文化之根，它不仅教人要有仁爱之心，要孝敬父母，更重要的是教人要做一个有智慧的人，比如怎样去学习，怎样去为人处世。”解瑞颖说：“但是，现在很多版本的《论语》，特别是教科书中摘录的语句都是纯文字的，比较枯燥。”

而现在很多学生很喜欢漫画，于是，两年前，她产生了将《论语》画成漫画的想法。历时两年，解瑞颖终于完成了自己的梦想。解瑞颖打算开学后，先将这些漫画当成生动的教材，向班里的学生讲授这些古老的中华传统文化和美德。

作为教师，权威性固然重要，而充满冷漠、过于严肃的心理环境会使师生之间产生误解和隔阂，形成认识上和情感上的各种差异与障碍。让学生长时间处于紧张、沉闷的情境中，容易导致他们产生痛苦和压抑的情绪。如果教师能够像上述案例中那样把枯燥的知识趣味化呈现，并在课堂上适当地添加一点奇巧精辟的幽默，让学生处于愉快的情境中，就能使学生产生安全感、轻快感、满足感、幸福感和责任感，让学生觉得教师既可敬又可亲。

【案例】“我的孙子李光年！”

在一家农村私塾里，老师教一个小学生读《百家姓》。

老师问：你姓什么？学生说：我姓赵。老师说：“赵”字就是你的姓。

老师问：你口袋里有钱吗？学生说：有。老师说：“钱”姓就是“有钱”的“钱”。

老师问：你是爷爷的什么人？学生说：孙子。老师说：“孙”姓就是“孙子”的“孙”。

老师问：我的名字你知道吗？学生说：知道，“李光年”。老师说：“李”字就是我的姓。

老师说：好，现在连起来念。学生念道：“我姓赵，我有钱，我的孙子李光年！”

学生在欢乐的气氛和愉悦的笑声中轻松地掌握了知识，这不正是我们幽默教学的不同寻常的效果吗？成功的教育应当如春雨润物般细无声，教学中的幽默则集中体现了智慧美，给学生以美的启迪、美的熏陶、美的享受。

例如，在讲到外语的重要性时，可以引入这样一则笑话：一群老鼠在草地里漫步，突然来了一只猫，小老鼠吓得全都躲了起来，只有母老鼠沉着冷静，学了一声狗叫，把猫吓跑了。母老鼠语重心长地教导小老鼠："孩子们，掌握一门外语是多么得重要啊！"学生们在大笑之后定会有所感触和启迪。

又如上课铃响后，一位教师走进教室上课，学生不知何事喧哗不止，教师并没有大发雷霆，而是幽默地问："辛弃疾的词'稻花香里说丰年'的下句是什么？"学生们异口同声地回答"听取蛙声一片"之后，随即明白了老师的意图，便在开心地笑后马上安静下来。

朱永新教授在《我的教育理想》一书中指出："理想的智育，应该让课堂充满活力、情趣与智慧。"课堂上我们面临的是一个个鲜活的有自己思想的生命主体。因此，"计划赶不上变化"，教师总是处于意想不到的课堂教学情境之中，这对教师的临场应变能力和教学机智都提出了极高要求。最佳的幽默不仅能够触景生情，而且能够触景生"知"。

例如，一位政治教师在课堂上正在讲"量变和质变的辩证关系"这一哲学原理，下面一位学生的椅子突然散架，学生跌坐在地上。全班同学大吃一惊之后，情不自禁地笑开了。这位教师灵机一动，提问道："这位学生的椅子为什么会突然散架呢？"有学生在笑声中回答："是量变引起了质变。"教师及时肯定了学生的回答。于是，同学们惊诧的哄笑变成了会心的微笑。而那位跌倒的学生也摆脱了尴尬和茫然，从容地起身整理好散架的椅子并坐好听课。

幽默可以让原本严肃的课堂教学变得快乐、轻松和生动。在我们的印象中，闭卷考试比课堂教学更为严肃，那么考试是否也能够快乐、轻松和生动一些呢？我们不妨多赋予学生自然的考试氛围和自主的考试方式。

【案例】外教笑看作弊

公共英语考试前夕，北京大学的外教、美国的帕垂特教授给我们上最后一课“关于诚实”，内容是这样的：

在这次考试中，你可以用以下方式来证明你的诚实：(1) 即使没有老师监考，你也知道怎么做才合适；(2) 会多少答多少；(3) 不要作弊。

假如你作弊了：(1) 你伤害了老师，给师生关系蒙上了阴影；(2) 你的良心就有罪了；(3) 你改变了你在人们心中的形象。

作弊的后果：(1) 没收并撕毁试卷，打零分；(2) 你丢脸，我丢脸，大家都无地自容。不过，即使你真的作弊了，我也会装作没看见，眼睛故意向别处看。因为，生活本身的惩罚要严厉得多。

正式考试时，结果仍然有人作弊，帕垂特教授果然像他说的那样，将眼睛转向了另一边。

有人说，这个世界上，最宽广的是海洋，比海洋更宽广的是天空，比天空更宽广的是“考试范围”。是啊，考试范围能否让学生自定自说？我国现代杰出的历史学家蒙文通教授的考试方式可谓别具一格，不是先生出题考学生，而是学生出题问先生，你提个问题，他就能知道你的学识程度怎么样，当场断定你本学期的成绩是多少分。更有趣的是，这个蒙先生是在川大旁边望江楼公园竹丛中的茶铺里考试。你问得好，他猛吸一口叶子烟，请你坐下陪他喝茶，然后对你提的问题详加评论；问得不好，当场请你走人。学生都想自己能留下陪蒙先生喝茶为认真备考。

综上所述，教师不要太像教师，应成为学生健康成长的导师。可以说，这是教师做人的最高境界；上课不要太像上课，应让课堂成为学生自主学习的课堂，可以说这是教师做课的最高境界。

原解

明·朱之喻《朱舜水集》："鸿论深入显出，切中事机，据理辩驳，虽有利口，无所复置其喙。"

"深入浅出"，指讲话或文章的内容深刻，语言文字却浅显易懂。

辩解

09 "深入"不一定"浅出"
——挑战性知识更能激发学习力

从青藏高原流下来的河成千上万条，为什么大多数流着流着就没有了，只有长江和黄河最终形成了两条奔腾不息的大河呢？因为只有这两条河发源的高度和角度不同。高度比别的河高会导致什么呢？会导致这条河的起点和终点之间落差大，水的落差大就会形成较大的势能，导致水流流淌的速度大。所以，高度决定速度。

那么，河流发源的角度不同将会导致什么不同？假如给一些人 10 个小时去走路，以同一个起点向不同的方向走，看他们每个人能走多远？你沿着 45 度的方向，他沿着 90 度的方向，另一个人沿着 135 度的方向。每个人在不同的角度意味着他遇到困难的性质和大小是完全不同的：你在 45 度的方向遇到一条高速公路，一马平川；他在 90 度的方向遇到的是几座高山；另一个人在 135 度的方向遇到的则是几条大河。在不同角度上行走的人，得拿出不同的资源和时间来克服道路上遭遇的不同困难，也就决定着每个人在不同角度上，在 10 个小时内能行走多远。所以，角度决定长度。

同样，很多人都想成才，为此勤奋努力，但为什么大多数人慢慢就变得平庸了？因为，他们缺乏高度和角度。由此可见，要让学生成为了不起的人，我们的教学就必须有高度和角度，让学生借教的大势做学的大事。要做到这一点，我们的教学就不能总是“深入浅出”，而应该在学生学习的起点和终点做到“深入深出”，给学生更好的角度和更大的高度。

选好角度，使知识更具研发力

曾经在杂志上看到一篇题为《砍掉99%的产品》的文章——

上海红双喜运动器材公司是由五家体育器材厂合并而来的。怎样走出困境，将企业做大做强？总经理做出了一个大胆的决定：砍掉99%的产品——将上百个产品商标、几千种产品削减到只剩几十种，集中发展留下的1%的乒乓球产品。凭借聚焦经营，公司近五年营收每年增长25%，目前掌握了全球20%、中国近40%的市场，年销售额超过3亿元。

看来，对予追求成功，最困难的不是拼命去做什么，而是顶住诱惑不去做什么。智慧的力量之所以伟大，并不是由于其占据的空间巨大，而是由于其具备独一无二的正确性。因此，我们看问题时没必要过多地审时度势，相反我们应该尽可能抛却干扰我们思维的“闲杂”因素，从理性的正确角度出发，只有如此，事情才能朝着正确的康庄大道进发。

一是把教学中“99%”的杂质砍掉。

在教学中，诱惑我们的东西也很多，情景化教学、现代化教学，为了教学的好看，教师常常不问是否有用而热衷于追求这些时髦的教学手段，使其占据了过多的教学空间，有时却反而压缩了学生的探究空间，这样的课看上去似乎美丽了，然而这些“美丽”有时却成为干扰学生学习的装饰品，反而让我们的课丧失知识的魅力，得不偿失。

例如，一位教师在教学“分数的基本性质”的课首，为了引出“$\frac{1}{2}$，$\frac{2}{4}$，$\frac{3}{6}$相等吗？”这一个问题，却讲了很长时间的孙悟空分西瓜的故事，而学生在以前课中听多了孙悟空的故事，大多不感兴趣。接着，教师出示$\frac{1}{2}$，$\frac{2}{4}$，$\frac{3}{6}$的图例，让学生观察研究。这样的教学，不仅时间冗长，而且有关知识的探究是教师“交”给学生的，其实也就等于是教师“教”给学生的，这就导致学生对知识的研发力得不到充分发挥。此时，教师还不如直接在课首提出“你认为$\frac{1}{2}$与$\frac{2}{4}$相等吗？”“如果相等，你准备怎样证明？”“$\frac{1}{2}$还与哪些分数相等？”等具有挑战性的问题，挑战学生的神经，挑战学生的智慧。这样干脆凝练的问题，与前面的故事导入相比，虽然没有情景的包装，但因为其具有知识挑战性，反而具有竞争力，能够直截了当地引导学生深入知识的核心开展探究活动。

又如在教学“横截面”的时候，许多教师会采用现代化手段，制作多媒体进行动态演示，这样费时费力费钱，因为平面上的动画，还不如切萝卜、折粉笔等实物演示来的清楚。

由此可见，越是接近知识核心的教学问题越是具有强大的核能，也越是具有强劲的研发力，教师应引导学生直入和深入知识的“虎穴”，取得知识的“虎子”。

二是把教学中“1%”的品质做足。

教学的时间是紧张的，也是宝贵的。高明的教师会让学生的精力一下子聚焦在知识的核心，提高教学的品质。例如，有一位教师在板书课题《“精彩极了”和“糟糕透了”》时，把“精彩极了”用红色粉笔写成漂亮的美术字，体现“我”七八岁时对母亲“精彩极了”这一评价“得意洋洋”的心情，而把“糟糕透了”用蓝色粉笔写成“枯笔”，体现“我”得到父亲“糟糕透了”评价时的伤心。不同颜色的价值体现，让学生一下子就抓住了课文的中心思想。

又如在教学“角的度量”时，教师一般是按照先“介绍量角器的构造”后“介绍量角的方法”的思路进行教学，而有一位教师是先出示一个角，让学生思考怎样测量，然后在学生的集思广益中提出量角器的构造，这样的教学就做足了知识的核心内容，学生在知道量角器的原理时就自然而然地学会了量角的方法，可谓一箭双雕。

知识的核心价值不仅表现在内在的意蕴上，让学生领悟知识的品质美，而且表现在外在的意趣上，让学生领略知识的形式美，这样的知识不仅美丽，而且充满魅力。

【案例】以“貌”取图

在教学“比的意义”的课首，教师出示下图，让学生选出认为最美的长方形。结果，几乎所有学生都选择了 2 号、4 号和 5 号长方形。

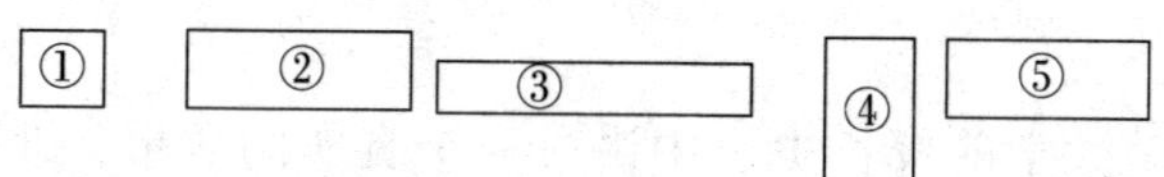

师：其实，早在 1000 多年前，德国心理学家费希纳也做过这样一个类似的实验，而评选的结果与我们的选择竟惊人地不谋而合。那么，这些长方形为什么会被大家公认为是最美的呢？其中的奥秘到底又在哪里呢？就让我们带着这些问题，开始今天的学习。

师：根据经验，你觉得一个长方形美不美，主要跟它的什么有关？

生：跟它的形状有关。

生：最好不要太胖，也不要太瘦，比如说这里的 1 号和 3 号长方形就是太胖或太瘦了。

生：我觉得长方形美不美，与它的大小并没有什么关系。

生：似乎跟长方形长与宽的关系有关。

师：确实，长方形的美与它的长和宽之间有着密切的联系。同学们不妨试用 2 号、4 号和 5 号这三个长方形的长除以它们各自的宽，看看最后的结果有没有什么规律。

一些教师在教学上述内容的时候，通常只会按照教材编排让学生算一算长方形长与宽相除的结果，由此揭示比的意义，这样学生学到的文化只是知识文化。而上述课例用深奥的黄金律引入知识，使学生学到的文化中还包含了思想文化，这样的知识更有品质，也就更有研发力。作为教育工作者，我们理应比他人具备更加敏锐的视角，以捕捉现实生活中所蕴含着的丰富的、富有生命力的“文化”要素为知识教学所用。这里，教师根据黄金分割原理使“美与比”的关系得以深刻展示，从而使学生领悟到知识的无限魅力，体验到知识所蕴含着的巨大的人文力量，让课堂真正美丽起来。

拉升高度，使学生更具战斗力

东北师范大学前校长史宁中讲过一个真实的故事：北京大学数学系某教授，在一次期中考试中，出了一道题，给出条件，给出结果，请学生论证，能不能由该条件推导出该结果。如果能，请证明；如果不能，请给出反例。面对这一开放题，全班没有一个学生做出来。

广西师范大学罗星凯教授连续5年承担全国8年级科学学业水平测试卷的命制、测试及结果分析工作，令他吃惊的是，面对情境性试题，学生的表现令人大跌眼镜。一道简单的常识题：“我在照镜子，你在镜子后面晃悠，会不会对我照镜子有什么影响?”来自6个省、市、自治区抽样的7万多名8年级学生，答对率只有43.7%。罗星凯教授不禁感叹：我们的孩子怎么越学越傻了?

一是提高学生的判断力。

对比我国的中、高考题与国际权威教育测试题，如国际经合组织（OECD）的PISA（数学），可以明显地发现，二者题目考查的能力取向迥然不同。我们的考题更多的是抽象分析与运算，而PISA试题，却大量的与现实情境相关，需要排除很多次要因素，才能寻找到运算模型；相反，公式级的推理却不那么重要，重要的是剥离情境因素的过程。

造成以上现象的原因，一是我们的学生缺乏判断力，暴露了学生前概念的情境的缺失，导致从前概念到科学概念的转变失败；二是我们现在创设的情境过多地侧重趣味性，并过于理想化，缺少信息的选择性，因为常见的是信息不多不少，正好有用，而这正是我们的能力黑洞——复杂情境中的判断、分析、解决问题的能力严重缺失。可以毫不夸张地说，这一能力与原创能力有着密切的联系。因为任何创造活动都面临着如何独自应对新情境的问题。

早在 20 世纪初，杜威就批评教育的错误："第一，不考虑儿童的本能的或先天的能力；第二，不发展儿童应付新情境的首创精神；第三，过分强调训练和其他方法，牺牲个人的理解力，以养成机械的技能。"这三个错误，现在仍然普遍存在于我们的教育现场。

2001 年，我国第 8 次基础教育课程改革之初，就有人曾批评我们的教学"掐头去尾烧中段"，而强调两头"情境引入与实际应用"。情境问题从而引起教育界广泛讨论。可惜的是，这一方向由于情境的幼稚化理解而受到批判，也由于教材及教学情境设计水平的低下而遭遇"滑铁卢"。今天，走进我们的课堂，中国教育在能力培养上的严重缺陷并未得到有效弥补，即便是我们最为擅长的"应用题"，在情境模拟及设计上仍然是干净得几无杂草。

法国当代最重要的思想家埃德加·莫兰指出，未来教育有 7 个黑洞，其中第二个黑洞就是，"人们不教授确切的知识……确切的知识并不是那些在形式或数学程序上极端复杂的知识，而是能够将信息和数学放到特殊背景中去的知识……是在部分和整体之间往来如梭的知识……背景教学是知识的迫切需要……在我看来，必须将知识贯通。"

比利时著名教育学家哈维尔·罗杰斯直接断言：不存在抽象的能力，也不存在在抽象中发展起来的能力。学生的能力，需要在复杂情境中得到发展，并在复杂情境中得到评估。因为，“当我们在一个具体情境中发展学生的能力时，学生的才能，比如想象力、逻辑思维能力、反思能力等都得到了发展；而事实上，也只有在能力的发展中，学生的知识、技能、才能也才会在反复的运用中得到巩固和提升。”

二是提高学生的决断力。

曾经在杂志上看到一篇题为《限时5分钟赚钱》的文章——

软件银行总裁孙正义在学生时代，就立志要成为一位企业家。为此，他给自己留了一项家庭作业：每天要设想出一种能赚钱的商品，而且限时只有5分钟。这样做是为了避免为此花费过多的时间和精力，保证完成学业。日积月累，他脑子里积累了大量切实可行的赚钱想法。

有人说，老天在送你一个大礼物时，都会用重重困难做包装。敢于决断的人也是敢于挑战的人，就一定能有大作为。由此想到，要让学生深入学习，对知识有深刻的理解，我们的教学就不一定“浅出”。苏联著名教育家赞科夫在“教学与发展”理论中提出了五条教学原则，而五条原则摆在首位的就是高难度教学原则。这一原则是针对传统教学中教给学生的知识面狭窄、内容贫乏，对学生的能力估计太低，以致教学进度太慢，多次重复学习，结果导致学生的智力无从受到锻炼等弊端提出的，它是赞科夫实验体系教学论原则中起决定作用的原则。顾名思义，高难度教学原则是指教学要有一定的难度。赞科夫认为这个概念有两个涵义：一是指克服障碍，二是指教材的复杂性。

例如，有一个孩子学钢琴，师傅一开始就让他练习比较难的曲目，他费了好长时间和费了好大劲头才弹得有点像样。在他的抱怨中，后来师傅给他一首比较简单的曲目，结果他很轻松地就弹了出来。至此，他才明白师傅的良苦用心。

【案例】“先20米还是先200米?”

“植树问题”的例题是“要在全长20米的小路一边植树，每隔5米栽一棵（两端都栽）。一共需要多少棵树苗?”后继拓展题是“如果路长是200米，该种几棵呢?”

有一位教师在教学时，把教材上的拓展题直接代替例题让学生探究。汇报时，学生列出了几个不同的式子。教师顺势让学生评判哪一种方法是正确的，有的学生想到画图，但又觉得麻烦。于是教师引导学生想到，可以从小数据入手找出规律，然后再根据规律解决大数据问题。于是，学生从 10 米、15 米、20 米入手研究关系，总结公式，最终应用公式解决问题。

上述案例中，教师直接出示比较难的题目，故意给学生的验证造成困难，迫使学生另辟蹊径，自觉想到以小见大的策略解决难题，这是高难度教学带来的额外效益。

然而，我们现在的教学普遍缺少挑战性，不是把知识分割成一个个小知识点，就是将问题分解成一个个小问题，让学生轻而易举地理解知识和解决问题，结果培养的学生在面对困难时常常束手无策、缺少决断力。

要帮助学生走出克服困难时的“虚弱”状态，我们的教学就不仅要能够“深入”，而且要能够“深出”，让学生迎难而上。例如，教师的提问可以从难开始，给学生思维足够的冲击力，如果学生实在解决不了，教师再考虑略微降低难度重新设计问题，而不是一开始就提出一些比较容易的问题，在一问一答中扶持着学生轻松前行；又如知识的练习可以添加一些难题挑战学生，鼓励有能力的学生去研究解决，于中，没能力解答的学生也能或多或少地获得一些启发和促进。由此可见，总是一帆风顺的课未必是真正的好课。

【案例】诺贝尔奖的种子

老康在美国读博，他把 8 岁的儿子带到了美国读书。一天，小康放学回家，告诉老康：“赫本老师布置我们写作文，题目是《你是如何认识糖尿病的》?”

什么？才三年级的学生，让他写这种纯学术性质的文章！老康马上打电话向赫本老师提出抗议：“作文应该贴近生活，不能脱离实际。比如写一写‘上学路上’，或者‘记一次有意义的活动’，你怎么能出这么一个题目？你自己完全知道糖尿病是怎样产生的吗？”

赫本老师很有礼貌地回应道：“糖尿病发病率越来越高，这不是生活中的事情吗？弄清病理，这不是很有意义的活动吗？我不知道的，学生就不能知道吗？”

老康被说得哑口无言，但他仍对这种美国式的教育露出不屑之色：好高骛远，空中楼阁，没有翅膀就想上天揽月，哼！

老康不久就把这件事渐渐忘了，直到有一天赫本老师打来电话。只听赫本讲话时情绪激昂、兴奋异常。原来她从批阅小康的作文中获得了有关糖尿病的知识，疑心自己5岁的女儿患有糖尿病，于是到医院检查，果然是。因为是早期发现，得到及时有效的治疗。她已经感谢过小康了，现在还得感谢小康的爸爸……

老康不敢相信，于是找来小康的作文本，好家伙，足足写了16页！天哪，纲举目张，逻辑严密，引文扼要，还在文末列出写作时的7本参考书。

小康一回家就高兴地宣告：“我现在是医学家，将来一定能得诺贝尔医学奖！”

老康见他得意忘形，马上沉下脸：“谁说的？”

“赫本小姐！”

后来，老康才知道小康为了写这篇文章，泡了图书馆，请教了主治医生，询问了糖尿病患者……这其中包含着多少综合素质！

这就是美国的教育——面对一个难题，让学生自己去寻求解决问题的方法。小康学到了这种方法，于是才能将众多的信息进行过滤、梳理之后形成自己的认识——这恐怕是中国写作教学从来也不会涉及的领域。

其实，我们的教学也可以延伸到课外，实行“大教学”，让学生有充足的时间和充分的资源面对挑战性的学习任务。例如，教学“年、月、日”前，教师给学生布置了一个有挑战性的难题：自己制作一张2050年的年历。学生因为没有现成的年历可查可搬，只能找来今年和往年的年历参考和琢磨，并自动预习教材甚至调动家长等资源。教师抓住“设计2050年年历”这条“纲”布置学生进行课前小研究，这就使得学生必然要去了解大月和小月的天数和月份等知识的“目”。

由此可见，一个简单、开放的“大任务”要比一组细碎的小问题更能激发学生的挑战欲，磨砺学生的学习力，从而让学生站得更高、看得更远、学得更主动。

教学的“深入深出”，我们还可以理解成当完成一节课的知识教学之后，在学生“走出”知识或“走出”课堂之时，再次让知识或教学能够深入下去，多一些意味深长，让学生再次得到知识上的启示或思想上的启迪。

【案例】故事不仅仅是故事

在教学“圆的周长和面积的关系”后，王老师补充了古希腊哲学家芝诺的故事——

学生问芝诺：“老师，您已经非常有学问了，为什么还要学习呢?”芝诺随手画了一大一小两个圆圈，回答说：“大圆的面积是我的知识，小圆的面积是你们的知识。显然，我的知识比你们多。但是，这两个圆的外面就是我们无知的部分。大圆的周长比小圆长，那么大圆与无知部分接触的边缘就多，这就是我要不断学习的原因。”

面对学生懵懂的表情，王老师笑着说：“同学们有没有体验到知识的面积越大困惑越多呢? 或许通过不断的学习，你就会有这样的体验。”

短短几句话，让这个故事有了不一样的意蕴！学生未必现在就理解故事中的芝诺，也未必现在就理解眼前的王老师，但“谦虚、勤奋、好学、向上”的涓涓细流已经潜藏在学生心底的某一处。

在教学“平面图形的周长与面积的关系”后，王老师又讲了“老人分地”的故事——

“老人分家产。他拿出6根绳子，让每人到园子里去圈地，谁圈到多大一块地，这块地就属于谁，圈剩下来的地就还留给老人种。”

学生听完故事发现：6个儿子每人拿到的绳子都是长120米。如果周长相等，学生自然想到圆的面积最大，正方形面积第二。因此，他们纷纷建议老人的儿子圈一块“圆”形的地。

面对学生的“异口同声”，王老师不紧不慢地说：“同样条件下，人们都会为自己追求更多的利益。这本身没有错。但是，如果我们重新读一读故事，也许你的选择会有所改变。”

学生默读着：“圈剩下来的地就还留给老人种。”似有顿悟：“我会选正方形，因为正方形的面积比较大，同时正方形的边是直的，能够跟其他图形紧靠在一起。”

“孩子，你真是一个既善待自己，又懂得体谅他人的人。”是呀，学数学会让我们从不同角度去思考问题。“如果知道圆的面积最大，那么你就拥有了聪明。如果你明知圆最大，却选择了正方形，那么你就拥有了智慧！”这是一席智慧的对话，没有教师居高临下的言说，对人文内容的有效关注和巧妙引导，让人性美好的品质润泽着孩子的心田，也让数学课堂焕发出迷人的人文魅力。

上述课例的结课方式很有深意，一是留给学生知识上的深化练习，考查了学生解决知识难题的能力；二是留给学生思想上的深刻认识，考查了学生解决生活难题的能力。

综上所述，教学的“深入浅出”，可以使学生更容易理解知识和方法，但要提高学生的思想水平和能力水平，教学还得“深入深出”：一是知识的引出有深度，让知识具有挑战性，让学生有更多的感悟；二是知识的产出有深度，让知识具有思想性，让学生有更多的觉悟。这样“深入”又“深出”的课，才是有深度的课。

原 解

清·曹雪芹《红楼梦》第十回："话说金荣因人多势众，又兼贾瑞勒令赔了不是，给秦钟磕了头，宝玉方才不吵闹了。"

"人多势众"，比喻人多力量大。

辩 解

10

"人多"不一定"势众"

——合作学习不只是合坐学习

"人多力量大""众人拾柴火焰高""人多好办事"，已经成为人们的普遍共识。理想的状态是，一个人的努力是加法效应，一个团队的努力是乘法效应。而现实的状态是，一个团队的努力，却常常是减法效应。当人多得超过实际需要时，非但不好办事，甚至会碍事、误事。"一个和尚挑水吃，两个和尚抬水吃，三个和尚没水吃"，就是这个道理。

从领导学的角度看，"人多"不一定"势众"。一个国外人力资源专家做过计算，一个负责人如果领导 1 人，需要沟通的关系数为 1；增加到 5 人时，需沟通的各种关系就猛增到 100。一些教师的忙乱，正是把许多时间和精力用到了平衡和协调班级那么多学生各种复杂的人际矛盾与纵横交错的关系上。一百个学生一百条心。在合作活动中，"人多"也不一定"势众"，不齐心、不协力现象普遍制约着合作活动的效果。

使不出全部的力量

法国农业工程师林格曼曾设计过一个发人深省的“拉绳实验”：把被试者分成一人组、两人组、三人组和八人组。要求各组用尽全力拉绳，同时用灵敏度很高的测力器分别测量其拉力。结果发现，两人组的拉力只是单独拉绳时两人拉力总和的95%，三人组的拉力只是单独拉绳时三人拉力总和的85%，而八人组的拉力只是单独拉绳时八人拉力总和的49%。

之所以会出现“1+1<2”的现象，是因为有人没用全力。人都有与生俱来的惰性和依赖心理，单枪匹马地独当一面时，就会竭尽所能、全力以赴；可一旦到了集体中，就会把责任悄然分解到其他人身上。社会心理学的研究认为，这是集体工作时存在的一个普遍特征，并把其概括为“社会浪费”。

一是出现合作活动的旁观现象。

在纽约的克尤公园，曾发生过一起震惊全美的谋杀案：一名年轻女子在回家的途中惨遭谋杀。当时，住在公园附近的居民中，有38人听到该女子的呼救声音，但是没有一个人跑来救她，也没有一个人及时打电话给警察。事后，曾有两位心理学家将这种现象概括为“旁观者效应”，而其本质就是责任分散——自己本来想去救人，又转念一想，这么多人都看到了，总会有人去救的，自己就不去了吧，免得惹麻烦。可悲的是，大家竟然都是这样想的，结果可想而知。

从某种程度上来看，如果是要求一个人独立完成一项任务，责任感就会很强，会作出积极的反应。但是，如果是要求一个群体共同完成一项任务，群体中的每个人的责任感就会变得很弱，面对困难时往往会互相推诿，因为自身都期望别人多承担点儿责任。

在课堂上时时会发现很多和我们初衷不相符合的情况发生，其他同学积极准备，他却坐在旁边无动于衷，别人争得面红耳赤，而他却一副事不关己的样子，这就是我们课堂里的“旁观现象”。

这种“旁观者效应”在小组合作学习中更严重。在合作学习过程中，往往学优生参与的机会更多，扮演了一种明星角色，学困生在小组合作学习中的获益比在班级教学中的获益还要少，这种现象还应了“老虎伍兹效应”。

当老虎伍兹处于职业生涯的巅峰时，其他顶级选手在有他参加的锦标赛中得分会更低，就好像他的出现妨碍了球手的发挥，老虎伍兹的巨星地位阻碍了比赛的竞争。芝加哥西北大学的研究人员称，这种情况对高尔夫球手的显著影响在工作场所同样适用，这就是“老虎伍兹效应”。

当极为出色的学生在场时，不但不能激励团队其他学生，反而会令其他学生的表现比平时更差。“老虎伍兹效应”尤其适用于特定的竞争性学习环境，一些平常表现平平的学生觉得自己没有任何机会胜出，从而索性懈怠下来。

有些学生还出现了合作学习依赖症，一遇到问题就想合作学习，甚至在合作学习中自己不动脑筋，只是等待合作伙伴讨论出结果后占为己有。同时，在小组活动中会出现一些放任自流现象，教师不容易发现学生开小差，并且只关注小组的学习结果，不关注学习过程和个人的学习情况等。

对合作学习中出现的旁观现象的解决策略之一，就是使合作必须建立在独立思考的基础之上，只有让学生在经过充分的独立思考，对问题有了自己的想法，觉得有话可说的时候，再让学生合作交流与讨论，才能有好的效果。在教学中，有些教师动不动就开展合作活动，对合作学习只求形式，忽视了实质，用合作代替思考，这只是立足于老师的教，而不是立足于学生的学，学生的学习没有得到实质性的改善。

这些在课堂上无所事事或者不积极参与到小组讨论中的学生，大多是一些学习目的不明确、缺乏动机和对学习感到厌烦乏味的学生，可谓“身在曹营心在汉”。对此，教师应该给予这些学生更多的表现机会和表演舞台，促使他们积极参与学习活动和合作活动。之外，还有一些“旁观”的学生，属于一些性格内向甚至心理自卑的学生，他们不善言辞、不敢表露，对这一类学生，教师应该对他们多关心多肯定，鼓励他们也能积极参与学习活动或合作活动。

【案例】让学生学会握手

我告诉他们，这次外出游玩，只能有28人跟队而行，剩下的一半，必须待在教室里自习。顿时一片哗然，学生觉得我的安排严重不公。

我严肃地说：“我绝不可能改变主意，但你们之间，是同学，是朋友，对于你们的搭档，你真就如此吝啬？连一次小小的机会都不肯让给他？”这番话，使他们陷入沉默。

第二天，班长将最后的名单递给了我。我惊喜，学生的谦让，令我肃然起敬——经济条件好的学生把机会让给了家庭经济拮据的学生，学习成绩好的学生把机会让给了学习成绩差的学生，强者让给了弱者，男生让给了女生。名单上有多处涂改的痕迹，不难看出，他们曾发生过激烈的争执。

临行前，我要求外出游玩的学生主动握一握那些让出机会甘愿留在教室里的同学。于是，感人的一幕出现了，56只手紧紧握在了一起，相互寒暄，微笑叮咛。

旅行途中，我给了他们一个小小的建议，写一篇简单的游记，送给教室里的另外28人，让他们也充分感受到你的快乐以及沿路的美景。回程之后，没有一人欠交游记。不管是多么顽劣、多么厌学成性的孩子，他们都极其认真地完成了这次作业。当他们把游记主动送给那些留在教室里的同学时，他们的右手又紧紧交织在一起。

上述案例中，教师设计这样的合作活动，其实是想让学生见识的并不是一次短途旅行中的见闻，而是让他们学会冷静、学会商量、学会谦让、学会大度、学会感恩、学会补偿，总之学会合作，也就是不让每一个学生成为团队中的“旁观者”——只关心自己而不关心别人。

二是出现合作活动的拉扯现象。

钓过螃蟹的人都知道，篓子里如果放了一群螃蟹，就不必盖上盖子——螃蟹是爬不出去的，因为只要有一只想往上爬，其他螃蟹就会纷纷攀附在它身上，结果是它被拉了下来，最后没有一只出得去。

在教育中，也存在着这种“螃蟹文化”，一些学生对表现比较好的经常得到教师表扬的同学也会产生嫉妒心理，特别是对教师在批评自己的时候提供的学习榜样，被批评者常常会认为自己的受批是因为学习榜样优秀的缘故，于是产生怨恨心理，结果使一些优秀学生也不敢表现优秀。

在教学的合作活动中，也会发生学生相互之间拖后腿的不协调的情况，如部分学生在小组进行讨论时，不积极配合小组活动，影响全组的士气，降低全组的学习效率。为了避免这种情况出现，在教学时，教师应该给小组的各个成员都分配任务，使他们个个都有事做。根据对学生个体完成情况的评价结果，给予学生所在的集体进行奖励或指出存在问题。这样，把学生个人的成功与否同学生所在的集体荣誉连在一起，促使每个学生努力完成学习任务，从而使学生在学习上自觉地合作，互相交流、互相帮助、互相督促。

【案例】合作学习中的捣乱

在“圆的周长”教学中，教师要求学生用硬纸板剪成的大小不等的圆在直尺上滚动一周，先测量出圆的周长，再测量出直径，最后计算出该圆周长与直径的比值。

我身旁一个小组的四个学生的表现是：生1并没有认真操作，而是在玩着他的圆纸板；生2连玩都不玩，而是在翻看着数学书；生3在认真地测量和计算着；生4一边看着生3的操作，一边不时地碰碰他的尺、拉拉他的衣袖，进行着“破坏”……

在汇报时，生1有幸成为第一个发言者，他说：“比值是3.13。”

教师高兴地表扬了他：“很好，你很认真。”并把3.13写在了黑板上。我忽然发现，这是一个非常聪明的学生，其实，他早就知道了老师要的答案是“3.14”，为了不引起老师的怀疑，他选择了离标准答案很近的3.13。其他学生也分别汇报了3.15、3.12、3.16……教师非常高兴，把这些数据一一写在了黑板上，还表扬了这些学生。

生4也成了被教师点名的发言者，他支支吾吾不知回答什么为好，显然，他的举手是假冒的。生1轻轻在背后提示他：“3.14。”生4毫无底气地轻声照说了。没想到，教师喜出望外，并给了他最高级别的赞扬：“非常正确，你是做得最认真的!”并用红粉笔把“3.14”重重地写在黑板的正中。

教师微笑着问：“还有不同的意见吗?”生3站起来说：“老师，我计算的比值是2.98……”教师挥手打断了他的回答，非常不高兴地说：“怎么会是2.98呢？看来，你做得很不认真。”在一片哄笑声中，生3不知所措地慢慢坐了下来。当然，“2.98”是绝对没有资格被写上黑板的。

上述案例中，合作活动中的拉扯现象表现在两个方面：一是生4对合作伙伴生3的捣乱，二是生1对合作伙伴生4的恶搞。生1怕自己说出标准答案会引起教师的怀疑，所以聪明地选择了一个离标准答案比较近的结果报给老师，果然换来了教师的表扬。在不认真探究的生4回答时，生1故意跟他透露标准答案，并不是出自好心，而是想让他被教师怀疑而出丑，但他没有想到的是，生4的回答，“笨”教师竟然丝毫没有怀疑，还获得了更大的表扬。

【案例】合作学习中的争吵

教学“圆柱体体积计算”时，学生以六人小组为单位围坐，教师复习了长方体、正方体的体积统一计算公式V=sh。

然后，教师出示一个圆柱体问：这个圆柱体能用V=sh来计算其体积吗？让学生以小组为单位展开讨论，结果小组意见不统一，有的学生认为能，有的学生认为不能，因而很多组的讨论一直停留在争论阶段，争论谁对谁错，最后有的小组演变成争吵，这个学生说他是笨蛋，那个学生说你是弱智，而不是围绕教师提出的要求一起设法去证明。

俗话说“道不同，不相为谋”。当人与人之间的意见、志向、兴趣等不统一时，是很难合作共事的。在课堂上，以小组为单位展开的合作学习也需注意学生间的“志同道合”。当学生意见有分歧、不统一时，安排合作讨论是必要的，但教师应在分组上作适当调整：即以能与不能为标准，允许学生重新自主组合成若干个学习小组，展开讨论，由于目标一致、观点一致，这样的合作讨论可能更有成效，才会达到合作学习的真正目的。

大卫·奥吉瓦尼是奥吉瓦尼·玛斯广告公司的创始人。公司每进一位高管，他都要赠送其一组俄罗斯套娃。这组套娃是由五个由大到小的木娃娃套在一起的，旋开最外边的大的，里面就套着一个小一号的；再打开，又是一个更小的；及至第五个，里面放着奥吉瓦尼写的一张纸条：“倘若我们每个人所重用的人都比我们矮，我们的公司就会变成小矮人公司；倘若我们每个人所重用的人都比我们高，我们的公司就会成为巨人公司。”正如大卫·奥吉瓦尼所希望的那样，这家广告公司成了世界上最大也最受人尊敬的广告公司之一。

成功者之所以成功，是因为他们敢于和比自己强的人相处。嫉贤妒能的结果，只能让自己变成矮人、小人和无用之人，这样的合作就会出现“1＋1＜2”的现象。在教学合作学习中同样如此，我们不应该让合作学生之间相互斗争，分裂团队联盟，彼此拉扯，而应该让合作学生之间相互竞争，发扬团队精神，彼此促进，既能做到强强联手，又能做到强弱携手，甚至还可以像下面案例中的学生那样进行弱弱携手，从而实现“1＋1＞2”的良好合作效应。

【案例】合作听写法

一般来说，听写的目的是检查每一个学生掌握生字词的情况，采用的是个人独立完成的方式。但是对于一些学习基础较为薄弱的学生来讲，要想独立掌握一些难写的生字或是容易混淆的词语，并不是一件容易的事。针对这一情况，我采取"特殊政策"：在听写时，特许这些同学坐在一起，对于容易混淆的字、词，可以进行讨论，确定最终的答案。

俗话说，三个臭皮匠顶一个诸葛亮。在合作学习中，一些不怎么出色的学生，在集体的合作中，同样能够让自己有出色的表现，这就是合作的力量。在合作过程中，他们会互相提示，互相争辩，突破难点，达到加深印象的效果。

听不到全部的声音

在合作活动中，存在着先声夺人的现象，先说的论调常常成为整个群体的语调，也就是说其他声音被"拍死"在先期声音中；在合作活动中，还存在着强势压人的现象，强者的观点常常成为整个群体的论点，也就是说其他声音被"淹死"在强势声音中。

一是出现合作活动的不尊现象。

相亲节目中，一个男人走上来，外表不错，谈吐还行，突然一嘉宾扔出一句话，表现出了明显的质疑。接着，男人的噩运来了，所有女嘉宾开始揪住这点不放，批判、攻击、挑衅、打压，好像有人扔了一块砖，其他人就得齐心协力把他拍死，否则就是对民意的违背。其实，男人真没那么差，不过是多说了一句话而已。

你刚看完一部电影，觉得还行，突然有人说，这片子太烂了！于是，你住了口。又有人说话了，特效也太差了，什么东西！接着，铺天盖地都是恶评，从导演，到演员，到音乐，到故事，简直是难以置信的垃圾。你只能闭嘴，这会儿再去倒戈，非被口水淹死不可。其实，电影真没那么差，不过是大家在一起闹的。

有一个词是"群体极化"，说的就是这种现象。与群体成员单独决策相比，群体倾向于作出比较极端的决策。在某些情况下，群体决策偏向保守一端，但在更多情况下，群体决策偏向冒险一端。例如，在合作活动中，一些学生为了显示自己的独特能力和高超水平，也常常会做出一些与众不同、与常日不同的举动来，以博得别人的注意。社会心理学家认为，在一切人群聚集的公开场合，人们常常表现出与日常生活中大相径庭甚至完全相反的言行，这不仅仅是一个知识性的愚昧无知问题，而是基本的人性问题，是无意识统治下的群体心理问题，这在社会心理学中被称为广场效应。

在班集体中，如果一个学生相当不招一个同学待见，那么他可能会渐渐不招很多同学待见。那个对他不怎么感冒的同学，随口说上一两句话，极化效应就来了，大家都会觉得他就是诡异，怪不得人人都不喜欢他。其实最初不喜欢他的，可能只有一个人。

对一个同学，如果你的伙伴说了不好，你再说好，似乎有损于自己的品位，有损于与同伴的关系；对一种做法，当大家都向一个论点迈进的时候，如果你另辟蹊径只会让你成为“公敌”，所以教育教学中经常会出现随大流的人云亦云。

【案例】传言的流传力

有一个女同学，都不记得有什么具体事儿，好像是传言她有乙肝吧。先是几个一块玩的女生孤立她，接着扩大到坐在她周围的人，最后，好像全班谁再理她，就是和所有人作对。本来挺正常的一个女生，从此负面新闻不断，周围人谴责她为什么不早说，都和她用过一个碗，喜欢她的男生恨不得马上与她撇清关系，连她的同桌也跟老师申请要换座位……

“群体极化”就是这么可怕，造成对人的不尊。不幸的是，我们中的每个人，都可能是帮凶。人们都习惯于用挑剔质疑的眼光来对待事物，而这个论调一旦确定，大家就会在这个方向上提供更多的论点。所以，在教育中，教师要谨慎使用大庭广众之下的批评，因为你一旦批评了某位学生，奠定了一个不好的调子，那么其他同学就可能从此对这位学生另眼相看，认为其是永远不好的学生。

二是出现合作活动的独尊现象。

人人都希望获得别人的认同，也习惯赞同别人，一旦团体成员听到别人相信什么，通常就会调整自己的立场以符合主流方向。持不同看法的人宁愿三缄其口，也不愿犯了众怒，赞同总是比反对更容易，不是吗？特别是合作群体中有强势者的时候，这种“一言堂”现象更为突出。

这种“群体极化”现象在学生的合作学习中同样存在。每个学生的性格是不一样的，有的学生的性格呈外向型，有的学生的性格呈内向型。在合作学习中，我们会发现一些炫耀聪明的学生，他们能够很好甚至可以说是能够出色地完成自己在合作学习中的任务，但他们的优秀也常常会让他们以自我为中心，不懂得或不愿意与同伴合作，而其他略微逊色的小组成员尽管有不同意见，大多也只能藏在心里。

对此，教师应该利用优秀学生的这种性格来为合作学习服务，引导他们不做合作活动的独裁者，而做合作活动的领头人。在实际教学中，教师可以让这些学生担任学习小组的主持人，充分发挥其能说会道的特长，给自己小组的同学分工，规定每个同学应该完成的任务。

“群体极化”现象的出现很大程度上是由于“狂热的少数”的存在，从而出现极少数影响大多数的局面。

日本著名作家村上春树，开过多年爵士酒吧。他发现，酒吧里每天都有很多客人来，但大家并不是都喜欢这间酒吧，实际上，喜欢的只是少数。然而不可思议的是，即使十个顾客中只有一两个人是真正喜欢你的酒吧，愿意下次再来这个店，酒吧的生意也能够相当顺利。村上春树的顾客观，其实就是一句话：发现狂热的少数。

美国著名的汽车租赁公司CEO泰勒也同意村上春树的观点。这家公司每个月都进行顾客调查，只问两个问题：一是你的租车体验怎么样？二是下次你还愿意从该公司租车吗？然后泰勒要求公司对数千家营业网点排名，只根据一项指标：对租车体验打了最高分的顾客。原来，那些狂热的少数，才是公司盈利增长的关键驱动力——因为他们不仅会持续从公司租车，而且会向朋友推荐。

由此可见，有时“人少”却“势众”，表现为极少数影响大多数，这些极少数很多情况下是那些“狂热的少数”，他们在群体活动中有着极大的影响力，能够带动一批人开展活动。所以，教师要密切注意合作活动中的这些“狂热的少数”，可以让这些学生担任小组活动的组织者，充分发挥他们的作用。

一般情况下，这些“狂热的少数”学生大多是学习比较优秀的学生，或者是社交比较活跃的学生，但教师常常忽视的是除此之外还有一些调皮捣蛋的学生，这些讨厌虫也有着一定的“势力”范围，如果教师引导这些“狂热的少数”走上正道，其作用可能远远大于那些优秀的“狂热的少数”，因为卓越者带动的可能仅仅是一些比较好的学生，而讨厌虫带动的不仅仅是一些比较差的学生，同样还能拉拢一些比较好的学生。由此可见，讨厌的学生也是合作活动中的关键人物。

有人说，人的身上有两条虫：一条是可怜虫，一条是讨厌虫。可怜虫发作的时候带来怜悯，讨厌虫发作的时候带来反感和不喜欢。谚语说了上句：可怜之人必有可恨之处；它缺了下句：讨厌之人必有可学之处。

对讨厌机制的研究，心理学家说：“当我们讨厌某个人时，往往因为对方身上拥有和我们相同的缺点。”对方将我们的缺点暴露出来，所以我们也将讨厌他的情绪表达出来，这是讨厌发生的秘密。明白了这个道理，教师完全没有必要讨厌这些讨厌的学生，或许他的缺点正是你自己童年时期的缺点。完美的化身是不存在的，人们必须面对与他人的种种不适。

值得注意的是，教师有时讨厌的学生并不是那些成绩不好的学生，而恰恰是一些成绩很好的学生，因为他们性格外向甚至性情叛逆，常常违反教学的纪律或者违背教师的意图，是典型的“狂热的少数”。平常人的普遍应激反应是同情弱者、讨厌强者。强大者必有讨厌之处，最讨厌的对象往往是因为强大而“获罪”。美国哲人爱默生说：“所有的英雄最后都令人讨厌。”因此，教师应该清楚的是，这些讨厌虫，这些“狂热的少数”，很多情况是众多学生心目中的“英雄”，因此他们有着很大的影响力，团结了这些极少数，也就团结了其他大多数。

罗素说：“参差多态是幸福的本源。”有评论家说：最讨厌的人是世界上的另一个我。此话不假，最讨厌的人的优点是有待发现的幽灵。在异己和类己之间，异己最容易成为教师讨厌的学生。如何对待异类学生，是宽容、借鉴、欣赏、接纳，还是怀有偏见，这绝非是教育成功学的选择，而是教师基于一种心智的职业成熟。

综上所述，人多未必力量大。教育教学中，人与人的合作并不是人力的简单相加，而要复杂和微妙得多。人心齐泰山移，此时人多做事才会事半功倍。在学习的合作活动中，只有每个学生心中都怀揣着一颗责任心，并且身体力行、齐心协力，才能将学习任务完成得完美出色。

原　解

汉·曹操《劳徐晃令》："吾用兵三十余年，及所闻古之善用兵者，未有长驱直入敌围者也。"

"长驱直入"，指长距离不停顿地快速行进。

辩　解

11

"长驱"不一定"直入"
——最直的路未必是教学最好的路

曾经在杂志上看到一篇题为《最好的路未必是最近的路》的文章——

一天早晨，一个小职员的闹钟坏掉了，糟糕的是还有二十分钟会议便要开始了。他拦到了一辆出租车："司机先生，我很赶时间，拜托你走最短的路！"

司机问道："先生，是走最短的路，还是走最快的路？"

小职员好奇地问："最短的路不是最快的吗？"

"当然不是，现在是繁忙时间，最短的路都会交通堵塞。你要是赶时间的话便得绕道走，虽然多走一点路，却是最快的方法。"

小职员最后还是选择走了最快的路。途中他看见不远处有一条街道交通堵塞得水泄不通，司机解释说那条正是最短的路。司机所言没差，多走一点路果然畅通无阻，虽然路程较远，多花了点时间，却很快便到达目的地。

在生活中，人的思维往往都喜欢就近，不愿意舍近求远，也没有多少人不急功近利。在教育中，同样如此，我们的家长喜欢走捷径，例如把自己的孩子送到补习班或强化班，希望自己的孩子能够得到快速成长。我们的教师也喜欢走捷径，例如在课堂教学中，不把知识进行预热就直接捧给学生，一教到底，急吼吼地赶进度，学生没有慢慢品尝知识的时间。这样的教师常常认为教学的拐弯抹角只会浪费时间，这样的教学更多的是一种技术，而没有一点艺术，教师教得生硬，学生学得呆板。

然而，教学最近的路未必具有诗情画意的风景，有的可能只是知识的拥堵和思维的紧张，学生在这样的气氛中学习将难以感到愉快和幸福，因为学生唯有闲情逸致的心境才能领略知识的诗情画意。

其实，教育教学要达到好的效果，很多时候需要绕道、转弯和慢走，绕道是过程，转弯是智慧，慢走是豁达，绕道、转弯和慢走可能让学生更多地感受和感悟教学过程中的风景，间接、暗示或迂回才有可能实现无痕的教育。

放慢教育教学的步伐

苏霍姆林斯基说过："孩子愈少感到落到自己头上的教育设想，任何一种教育现象的教育效果便愈大。把教育意图隐藏起来，是教育艺术十分重要的因素之一。"而要不让学生感到教育的意图，教师就必须放慢前进的步伐，营造教育的美丽风景线，让学生在学习的漫步中不知不觉获得思想的陶冶和知识的陶醉。

一是知识的形成需要慢演。

曾经在杂志上看到一篇题为《怎样得到一艘船》的文章——

1801年，一艘从美国前往荷兰的商船，不幸在海上遭遇了强台风，所幸船上的几名随行人员都成功地攀上了小岛。

商人们要想离开小岛，首先得有一艘船。然而，只凭他们几个人的力量，是砍不够造一艘船所需的木头的。有人出主意，不如拿钱去雇佣岛上的居民。谁知，那些世代生活在岛上的居民根本就没见过他们的钱，也不知道那些钱有什么用，所以，也就没人愿意给他们干活。最后，一个叫普林顿的美国人站了出来，他只不过跟岛上的居民说了几句话，便成功地得到了一艘船。

原来，普林顿只不过是跟岛上的居民描述了大海的魅力，大海里有鱼，有虾，还有其他好多能吃的美味，而要能得到这些东西，首先得有一艘船。

有一句名言是这样说的：如果你想造一艘船，先不要雇人去收集木头，也不要给他们分配任何任务，而是去激发他们对海洋的渴望。

同样，在教学中，要让学生收获知识，也不要先给学生分配任务，教师首先要做的是让知识变得富有诱惑力，激发学生对知识的渴望，这如同主旋律之前的前奏，如同正式运动之前的热身，虽然花费了一些时间，但磨刀不误砍柴工。例如，知识导入前的情境创设，其作用就是为了营造一种"未有曲调先有情"的意境，让学生能够带着好心情慢慢走近知识。

【案例】"掌"握知识的快乐

教学"垂直与平行"一课。

师：今天，有这么多老师来听课，你们应该怎样表示呢？（学生鼓掌）

师：你们真是懂礼貌的好孩子！鼓掌看起来简单，但要认真研究却还真有学问呢！（生疑惑）比如这样鼓掌，行吗？（师用一只手在胸前挥来挥去）

生：不行。一个巴掌拍不响，要用两只手。

师：两只手就一定能行吗？（师两只手前后交错着扇）

生：不行，一定要掌心相对。（生示范鼓掌）

师：哦，原来鼓掌时，两只手要掌心相对。（板书：相对）

师：可相对就一定能鼓掌吗？（师两只手不停在胸前做十指交叉动作）

生（着急）：不行，这叫交叉。

师：哦，像这样两只手互相交叉（师示范），我们称之为相交。（板书：相交）

心理学家布鲁纳认为："学习的最好刺激乃是对其所学材料的兴趣。"上述案例中，教师没有急于让学生快速走近知识，而是利用"研究鼓掌动作"来慢慢演化出知识的关键内容，为知识的正式亮相做好铺垫。另外，这样的谈笑风生还可以消除学生的紧张心理，可谓一举两得。

曾经在杂志上看到一篇题为《"江口醇"的营销策略》的文章——

一天，四川某市的一家酒店来了几个穿着很时尚的客人，服务生问喝什么酒，客人说："喝江口醇。"结果没有，客人只好离开。在那段时间里，很多家饭店都遇到了同样的情况。如此一来，多家饭店老板便纷纷打听和订购这种酒，结果这种酒的销路一下子就打开了，达到了供不应求的地步。其实，这是"江口醇"公司的一个精心策划的营销策略：派出了多伙"客人"，到饭店点"江口醇"白酒。

在教学中，教师向学生推出知识也可以将其看成一种营销，知识营销同样需要策略。因为知识大多是抽象枯燥的，如果直接让学生接受，学生可能会缺乏学习的兴趣。所以，在教学之前，教师大多会选择"绕道"而行，用情景包装知识，用情趣打扮知识，用情调融合知识，努力做好知识的"广告"，让知识变得喜闻乐见。这样拉长学生与知识之间的"恋爱"过程，可以真正实现知识的"有情教学"。

例如，在教学转化策略时，在正式推出数学中的转化思想之前，教师不妨在一段时间里给学生讲述或者让学生阅读一些诸如《曹冲称象》《牧师孩子拼地图》《爱迪生测量灯泡容积》之类的智慧故事，这样的"广告"，一方面可以激发学生学习的兴趣，另一方面教师讲得多了或者学生看得多了，就会加深学生对其中蕴含的转化方法的印象，等到课中隆重推出数学中的转化思想时，一切就显得非常自然。

二是知识的完成需要慢养。

曾经在杂志上看到一篇题为《留一半工作给明天》的文章——

美国费城的一家钢铁厂，老板有个铁一般的规定：今天的事必须在今天完成！有一次，厂里接到一批大订单，第一天，工人们一直做到天黑才把工作做完，然而在第二天上班后，工人们却都一愣一愣地不知道该做什么好。

问题究竟出在哪儿？老板正在办公室里思考这个问题，一位新来的小伙子走了进来："老板，您需要改变一下管理方式，其实今天的工作必须今天完成的规定并不值得提倡！"

"你在说什么？难道让他们留一半的工作给明天？"

"是的。假如您的面前有十本书，您在看其中的一本书时，看了一半就下班回家了，那么第二天您来到这里首先想到的是什么呢？"

"那还用问吗？当然是马上接着看那本书！"老板说。

"可是，假如您当天就把这本书全看完了，第二天会怎么样呢？"小伙子紧接着问。

"这么多书，或许，我会一下子拿不定主意该看哪一本！"厂长回答说。

"对，问题就出在这里，因为书没有看完，所以，哪怕是回到家心里依旧会对这本书有所牵挂，因此，您在第二天来到这里之后首先想到的就是接着看这本书。而如果您把这本书看完了，那您的脑子里就不会再有关于这本书的任何牵挂，所以在第二天您会觉得不知道看哪一本好！"

老板决定采用"留一半工作给明天"的管理方式，果然生产效率得到了飞速提高。这位小伙子，就是被后人尊称为美国古典管理学家、科学管理理论倡导者的"科学管理之父"弗雷德里·克温斯洛·泰勒。

在教学中，教师总是以完成既定的教学任务为己任，如果留一点教学任务到明天，那就会被认为这一节课没有完成教学任务而广受争议。我们也普遍感受到，学生在一节课结束后也就心无牵挂，不会去主动复习知识，也不会去主动预习知识，只有得到教师的指令后才会复习或预习知识。

对此，我们不妨设想一下，如果我们的教学慢慢地养成也“留一半知识到明天”，结果会怎样呢？可能学生的心里就会很自然地对未完成的学习有所牵挂，在知识的完成之前都会对知识念念不忘，这是人的一种“完形心理”在起作用。

然而，要让我们的教学真正做到“留一半知识给明天”，或许只是一个教育理想，因为我们的教师还只是习惯于“今天的事情今天了”的结课方式，一旦留下知识的缺口，心里就会感到不踏实。但是，在这样的教育大背景下，教师完全可以做到“留一点知识给明天”，在结课时，不让知识戛然而止，而是适可而止地留下一些后续问题，让学生有所思考与挂念。

例如，教学“倒数的认识”后，如果教师在下课前预留一个后续问题“认识了倒数有什么用?”这样就把这节课已经教完的知识又变成了悬而未决的问题，把知识的完成时态又变成了知识的进行时态，促使学生一直留意和期待着以后的教学内容，等不及的学生也就可能会主动去预习后继教材内容，以解心中的疑惑。

又如教学“梯形的面积”时，教材提供的只是利用两个完全一样的梯形拼成一个平行四边形来推导梯形面积的计算公式，如果教师在下课前预留一个拓展问题“利用一个梯形能不能推导出梯形面积公式?”这样就又使这节课已经“剧终”的教学变成了“连续剧”，再次推动学生在课后进行深入探究。

另外，我们有些急性子的教师还习惯“此时事情此时了”的处事方式，一旦留下行为空白，心里同样会感到不踏实。例如，课中学生出现学习错误后，教师就会急于指出和纠正，而不会慢慢等待这位学生自觉醒悟。

【案例】妙在神会的等待

师：从“1～9”这9个数字中选出一个你最喜欢的数字，别说出来，在心里想。假如我最喜欢的数字是“2”，那就在计算器上输入9个“2”，然后用它除以这个数——12345679。算完以后你只要把结果告诉我，我很快就能知道你喜欢的数字是几了。谁来试一试？

生 1：3.600000016。

师：（稍停顿）你太坏了，一下子报这么长的数给我，想难倒我是不是？（学生被逗乐了）让我想想，等一会儿再回答你。还有其他不同的结果吗？

生 2：45。

师：你喜欢的数字是 5。（学生佩服地点了点头，其他学生都露出了惊讶的目光，随后争先恐后地举手，希望老师能猜出自己最喜欢的数字）

生 3：27。

师：你喜欢的数字是 3。（学生再次惊讶，不过有些学生似乎察觉出来了什么）有同学也会猜啦？（坐在前排的一个女孩子点了点头）那好，有同学会猜了，那就让同学来猜吧！

生 4：54。

生 5：6。

生 6：7.20000006。

生 5：嗯？错了吧！

师：看来你是真的会猜！你能把诀窍和大家说说吗？

生 5：就是用最后的结果除以 9，得出来的商就是你喜欢的那个数字。（学生恍然大悟："哦！"）

师：知道诀窍啦，和同桌一起玩一玩。（学生兴高采烈地玩了起来）都算对了吗？是这样吗？（有的学生点头表示同意，有的学生摇头表示不同意）看来，有的同学还是没有算对，我们来看看他是怎么算的。

生 7：我喜欢的数字是"8"，我输入了 9 个"8"，然后除以"123456789"……（没等这个男同学说完，就听见一个女同学说道："老师，他错了！"嘿，她不就是刚刚第一个发言的生 1 嘛！）

师：（微笑）你知道他哪里错了？

生1：知道！输入9个你喜欢的数字后，应该除以“12345679”，而不是“123456789”。开始我也是这么错的，但是后来我发现了。（女孩得意地笑了）

师：自己发现了错误，自己又改正了，了不起！

上述案例中，很明显，教师一开始就知道生1的答案错了，但是并没有直接指出，而是用幽默的语言，将其暂且放下。不仅避免了女生的尴尬，同时也留给女生自己去慢慢感悟的空间，最终女孩自己发现了错误，并且还点醒了班中其他的同学。

在教学中，知识的“慢养”与学生的“慢养”似乎是一种奢求，教师常常为了应试，追着赶着，讲了又讲，练了又练，想让学生尽快地掌握新的知识，逼得学生气喘吁吁。理想的教育应该是慢慢养成的教育，润物无声，以不言之教得学生之悟，恰如迦叶与佛祖的拈花一笑——一切都显得十分美妙。

放宽教育教学的路线

人生处世如行路，常有山水挡在前。裹足不前？返身回头？让思维转个弯，也许转角处，又是一道靓丽的风景线。教育教学同样如此，有时最直的路未必是最快的路，当学生感到厌倦时，当学生遇到困难时，教师不妨让教育教学之路转个弯，换个角度、换条道路、换种方式前进，或许能够更轻松更容易地达到知识的彼岸。

一是拓宽教育的路子育好人。

曾经在杂志上看到一篇题为《像螺钉一样提忠告》的文章——

一个女人求教智者：“我丈夫不爱听我的话。我是他老婆，怎么会害他呢？那都是忠告啊！可他就是听不进耳朵里去，真是气死我了。”

智者拿来两块小木板、一把直钉、一把螺钉，还有一把锤子、一把钳子、一把改锥，让这个女人把那些钉子都钉到木条上去。

女人不假思索地用锤子向木板上钉直钉。可是，由于木板很硬，她费了九牛二虎之力也钉不进去，反而把钉子敲弯了，还差点弄伤她的手。女人于是改用钳子夹住钉子，再用锤子用力地敲打，钉子总算进去了，可是木板被劈成了两半。女人又开始试着拿起螺钉，用锤子往木板上轻轻一敲，固定住，之后用改锥拧了起来，结果不费吹灰之力，螺钉就都钻进木板里去了。

智者说："当需要给别人，尤其是跟你亲近的人提忠告的时候，不妨像螺钉一样婉转曲折地表达，这样才更有成效。"

虽然用锤子钉直钉比较直截了当，但未必效果最好。在教育中，忠言逆耳，如果教师需要给学生提出一些忠告，也不妨多转个弯，可以通过其他方式暗示学生，也可以开展一些体验活动，让学生在潜移默化中领悟其中的道理。

曾经在杂志上看到一篇题为《老板的暗示》的文章——

一天，老板说自己最近迷上了漫画，我于是提议老板给我们办公室每个人画一幅漫画，老板欣然同意。

老板给小赵画的漫画，鼻子被画成了烟囱，老板是在暗示小赵在办公室里少抽点烟；老板给老王画的漫画，脸上的皱纹成了股市的K线图，老王看了这幅漫画一切都心知肚明；老板给我画的漫画里，眼镜的两个镜片成了麻将中的二饼，我明白老板的良苦用心。大家看后，都会心地笑了。

在教育学生时，教师也可以采用"曲线救国"的方式，如有学生不爱读书，有一位教师就让家长把想让孩子看的书偷偷地交给自己，然后利用学生表现好的一次机会把书作为礼物奖给学生，学生心知教师的用意，慢慢地改变自己，最后爱上了读书。又如有学生不爱惜书本，有一位教师就把自己的教材换给学生，让学生保管，学期结束后归还，学生肚明教师的用意，慢慢地改正错误，最后养成了爱惜书本的好习惯。

又如父母平时会培养孩子宽容、忠诚的好品质，但常常由于概念抽象，使得孩子难以理解和接受，所以家长与其跟孩子苦口婆心地讲大道理，还不如在方法上转个弯——让孩子养宠物。专家认为，“养宠物可以培养孩子照顾另一种生物的责任感。照顾狗、猫等，可以让孩子懂得什么是责任感。”当家里的小狗每天下午准时出现在门口等候小主人归来时，孩子就不难理解什么叫忠诚了。而且，小狗会不断将这个道理演示给小主人看。另外，孩子有时会抓住小猫的尾巴玩，但事后，小猫还是不计较地和小主人一起玩。父母可以通过这件事教会孩子什么是宽容，同时告诉他对待别人的错误也要学会宽容。

【案例】天天练驼背①

又开学了，看见孩子们做作业时，有的弯腰，有的驼背，有的甚至趴在桌子上写，我感到纠正他们的坐姿刻不容缓！想想关于这方面的要求自己也没少讲，可他们就是记不住。问题到底出在哪里？我准备下点功夫，彻底根治这一现象。这天，铃声响过，我准备为他们上生动的一课——

“同学们，你们看这是谁？”我在屏幕上打出了军营中战士们练兵的片段，其中也有战士们练坐姿的画面。

“解放军！哇！好帅啊！”学生发出了一阵赞叹，仰慕之情溢于言表。

“你知道他们在干什么吗？”我将画面定格，画面中战士们个个坐如钟。

“他们在看电影。哇，他们坐得好整齐呀！”

“全是笔直的。”他们又一次惊叹。

“谁知道他们为什么能坐得这么直呢？”我没有直接号召他们向解放军学习（那样的套路他们太熟悉，没效果），准备做一个深层次的引导。

“我知道，因为他们天天练！”孩子们异口同声。

---

① 作者是广东省深圳市福田区园岭小学教师李志萍。

“是啊！只要工夫深，铁杵磨成针。正因为解放军叔叔天天坚持练习，所以他们才能像今天这样站如松，坐如钟。可是，同学们，如果我们天天这样的话……”我点击屏幕，放出了一张我在教室后面偷拍的照片，照片上同学们个个东倒西歪，和刚才解放军的画面形成了鲜明的对比。

“啊?”孩子们发出了尖叫，继而是一阵沉默。他们瞪大眼睛望着照片，似乎在等待老师的一顿狠批。我见时机成熟，激动地说道：“同学们，解放军那样练，所以他们坐得那么直；如果你们天天这样……”我一边交替播放着解放军和同学们的照片，一边对他们晓之以理……

“天天这样，那就是天天练驼背！”一个孩子迫不及待地大叫。

“啊？天天练驼背?”全体同学张大嘴呆住了，他们似乎一下子明白了：自己每天在做一件多么傻的事情。

“天天练驼背”，这样的总结是我没想到的，但却成了孩子们最受用的“警言”。此后的他们，再不需要提醒。

“天天练驼背”，好可爱的总结，很简单的理由。有些道理，不是孩子听不进去，而是我们没有找到孩子最愿意接受的那个理由，没有找到那条通向孩子心灵的最近的路。不过，最近的路未必是最直的路。我们常常认为直言相告是一条通向孩子心灵最近的路，有时却恰恰相反，那些似乎是转了一个弯的远路却是通向孩子心灵最近的路。

二是加宽教学的路径教好书。

曾经在杂志上看到一篇题为《就卖“不知道”》的文章——

25岁的周栗允在百货公司工作。公司周年庆，人事部门搬出了一大箱东西，发给大家当福利。可是东西装在袋子里，看不到，任你抽，你拿了哪个，那里面的东西就属于你了。

“真好玩!”周栗允感到非常新鲜，虽然拿到的不过是一些卷发棒、发夹、零钱包之类的库存货，但让人津津乐道的是这种“期待”。

有一回，周栗允和几个开网店的朋友闲聊，几个店主都叫苦连天：“库存太多，很多淘汰的商品很低价都卖不动，当废品卖又太浪费，仓库还都被占用了，好烦!”结果周粟允花了两千元钱不到，就把朋友们库存的东西买了下来。

周粟允把这些“垃圾”打包出售，买家压根儿不清楚能买到什么，仿佛抽奖，有时收到的东西够惊喜，真正有了淘宝的感觉，结果吸引了许多淘宝客。

在教学中，许多能够吸引学生的“卖点”其实也就是“不知道”，学生对教学内容的“不知道”，学生对教师做法的“不知道”，使得教学充满着神秘，学生充满着期待。所以，知识不能太直裸，教学不能太直白，具有悬念的知识教学更能让学生有“淘宝”的感觉。

例如，课堂上指名提问是常规的做法，如果教师转个弯，换一个提问的方式，采用学生平时不常见的“抓阄”叫人，或许能够效果更好。具体做法是：每张纸条写上一个学生的名字，有了问题，大家思考，由教师或由学生“抓阄”决定由谁问答，如此，不仅刺激了学生的神经，集中了学生的注意力，并且这是最公平的决定方式，学生会觉得这是“天意”，从而乐于回答问题。

又如经典古诗文离现在比较久远，想让学生喜欢诵读，用传统的直入主题的方式未必效果最佳。对此，教师不妨采用外景式教学，让学生由外围的活动慢慢走进知识的内芯。具体可以设计以下一些活动：（1）自编歌。利用流行歌曲优美的曲调，把经典古诗文的内容填进去，让学生唱出来。（2）自绘画。让学生将诗词中的形象转化成可视的绘画，学生在描绘诗词展现的胜景的同时，自然会更深地体悟出诗中的情思，感受到字里行间美妙的旨趣。（3）做书签。让学生制作一些书签，一面抄写题目、作者，另一面抄写诗文、主人公。为了增加趣味性，我们还可以让学生玩“书签牌”：四人一组，互相抽取其他人的书签，如看到题目、作者则背诵诗文，如看到诗文则说出题目、作者，答不出来则要表演小节目。（4）归类背诵。根据古诗词描绘的景色、叙述的事件、抒发的感情等进行分类背诵，这样做能促使学生系统地背诵古诗文。如按四季时令进行分类，从《早春》《春江花月夜》到

《夏日》《小池》，从《秋浦歌》《秋思》到《冬景》《江雪》。

综上所述，教育教学之路是一条长路，许多情况下这条长路不是一条常路，让教师能够一成不变地到达目的之地；许多情况下这条长路也不是一条畅路，让教师能够一帆风顺地到达目的之地，有时候绕道、转弯和慢走，反而能够更好地达到教育教学的目的，“悠然自得”的过程换来“优”然自得的效果，“曲径通幽”的过程换来曲径通“优”的效果。

原解

唐·柳宗元《乞巧文》："骈四骊六，锦心绣口，宫沉羽振，笙簧触手。"

"锦心绣口"，形容才思横溢，文辞优美。还可形容人会说话，说出的话会让别人高兴。

辩解

12 "锦心"不一定"绣口"
——教师说得好不如学生说得好

在家庭教育和学校教育中，我们对孩子的好心常常会不吐不快，长长绵绵，缠缠绵绵，总感觉如果不说出口，孩子可能会感觉不到自己的好。然而，许多有识之士对子女的道德教育却常常是惜字如金，少说甚至不说，十分讲究教育的艺术：一种是"物教"。唐太宗李世民临终前，特地命令将他平时使用的牛角梳、草根刷等极为简陋的用品放在他的陵墓寝宫里，要子孙永远记住勤俭建国。二是"铭教"。宋代大文豪苏东坡的长子苏迈做官赴任时，苏东坡送给他一个砚台，上有苏东坡亲手所刻的砚铭："以此进道常若渴，以此求进常若惊，以此治财常思予，以此书狱常思生。"三是"身教"。北宋著名史学家司马光，一生以俭素为美，还以自己的慎言、慎行影响着子女。四是"字教"。清代著名诗人、书法家何绍基，送给女儿的嫁妆的箱底写了一个大字——勤。

由此可见，"锦心"不一定要"绣口"，你的好心好意未必要通过千言万语说出来。在教育教学中，更是如此，教师的好心未必要通过好言表达出来。有时，教师的好言未必能够让学生感到教师的好意，相反，教师的少言、学生的多言却能让学生感到教师的好意，最终带来学生的好学，这样的结果才是教师对学生真正的好意。

教师不一定要好说话

教师普遍喜欢说话，原因之一是说话已经成为了教师的职业习惯，不说常常会感到失落和难过，原因之二是教师不放心也不相信学生能够自我醒悟和自我领悟，这些都让教师感到自己似乎没有尽到为师的责任。

其实，在“言传身教”中，“身教”的作用和效果要远远大于“言传”，理由有二：一是言多必烦，学生听多了教师的话，心理就会产生抑制和排斥，教育教学效果反而受制；二是言多必失，教师说多了就可能会说出一些不该说的话，给学生的学习和生活带来不良的影响。由此可见，教师很有必要管住和管好自己的嘴巴。

一是教师要改多说为多听。

曾经在杂志上看到一篇题为《一个为土拨鼠辩护的小男孩》的文章——

在美国新罕布什尔的一个农场，丹尼尔和哥哥伊齐基尔捉住了一只偷吃蔬菜的土拨鼠，怎样处置，哥儿俩争执不下。

“孩子们”，父亲说：“能不能这样解决问题：我们设立一个模拟法庭，我当法官，你们俩为律师，一个指控土拨鼠，一个为它辩护，我将根据你们的辩论再做出判决。”

伊齐基尔作为起诉人首先发言。他列举土拨鼠的种种劣行，以及为捉住土拨鼠所投入的大量时间和精力。他强调说，“如果放了土拨鼠，就等于纵容犯罪。”

“土拨鼠的皮”，伊齐基尔最后说：“可以卖10美分。尽管这是很小的数目，但是多多少少总能补偿一点它偷吃卷心菜给我们家造成的经济损失，所以应该将它处死。”

轮到丹尼尔为土拨鼠辩护了。他说：“土拨鼠和我们一样生活在地球上，我们拥有各种各样的食物，难道就不能拿出一小点儿食物与这只同我们一样有生存权的可怜动物分享吗？”“土拨鼠和那些凶残的动物不同，并不给任何人造成伤害。它只不过是吃了一些卷心菜，而这是它维持生命所必需的。它的需求非常有限，一个洞穴和一点点食物，仅此而已。我们凭什么说它不能拥有这些呢？”

“法官”听到这儿，饱含热泪喊道：“放了土拨鼠！”他的这个儿子就是19世纪早期美国最有名望的政治家与演说家丹尼尔·韦伯斯特，1841年出任美国国务卿。

在教学中，教师不一定要好说话，有时教师不厌其详的说讲只能让学生不胜其烦地听讲。面对知识的长长短短和问题的是是非非，不必要总是由教师来定长短和论是非，完全可以让学生自己来定论。此时，教师需要做的就是让学生多说，自己则像上述故事中的父亲那样只需要多听，做好学生学习的组织者和合作者。于中，教师或许能够听到更多的东西，更重要的是能够激发学生主动参与学习的积极性。

【案例】上课像开研讨会

四五名同学分成一组坐成一圈，每组桌上都有粉笔和板擦，教室两面墙上全是黑板，学生发言不用举手，遇到问题站起来可直接发问。最有趣的是，40分钟的课堂上，有一半时间是全班同学站着听课，而授课的也是同学。2009年6月10日，在沈阳大东区辽沈一校教学的开放日上，记者看到了一堂“动”起来的课。

五年级（2）班第一节课是语文，看到班主任走进教室，学生们不是安静地坐在座位上，而是站起来集中到一块大黑板前。黑板上写着《西门豹治邺》。课堂上前20分钟，是由学生根据自己对课文的理解和掌握，设计教案，写板书，让同学回答。四五个学生分成一组，每组的每名同学都要上前发言，由于是小班教学，每个人都有发言机会。

“西门豹破解迷信的方法是什么？”有学生问。“将计就计，以牙还牙！”马上有同学回答。每组回答结束后，其他组同学还要挑毛病并打分。

在教学中，有时教师的伶牙俐齿未必能换来学生的伶牙俐齿，因为教师的好说话会剥夺学生的话语权，学生没有机会说，何谈能说好。所以，有时教师的“嘴笨”和“言拙”，反而会让学生有机会成为能言会道的百灵鸟。

例如，教师在教学中装糊涂，故意说不出或说不好，请求学生来教你，此时，学生的教无疑代替了教师的教，并且能够很好地澎湃演讲学生的热血，激发听讲学生的热情。曾经在杂志上看到一篇题为《给力的“逆向”思维》的文章，当事者的“逆向”思维可以给我们的教育思维带来同样的启示——

有个发行商来出版社要我编辑的书，发行部的头儿要我过去介绍一下书的卖点。那个年轻气盛的商人没搞清楚我是编辑，以为我是发行科的人员，我还没有说上几句话，就拿话堵我说：“像你这么糟糕的发行人员，还敢向我推销书啊！”

一般人遇到这事可能会生气，可能会辩解，也可能更加卖力地宣传自己的书。我只是心里“咯噔”了一下，就马上想到策略，于是微笑着对那个老板说：“是啊，人家说只有糟糕的发行员，没有糟糕的书。像你这么优秀的商人，一定知道如何宣传推销好这本书吧！”我一副虚心请教的样子，老板一高兴就拿起书，一页一页研究起来，不停地找这本书的优点。

上述故事中，本来是出版社编辑向发行商推介自己编辑的书，结果因为编辑的虚心请教，竟然反客为主，变成了发行商自己发掘书的卖点。聪明的教师也应该这样，让自己的教变成学生自己的学，其中，教师虚心向学生求教不失为一种很好的教育策略。比尔·盖茨说：“人与人之间的区别，主要是脖子以上的区别——思维方式决定一切！”在教学中，有时应用逆向思维，将问题“倒过来想”，将事情“倒过来做”，也许教师会发现教育教学的别有洞天。

教师不仅应该在课堂教学中多听学生的话，让学生做学习的主人，还应该在班级管理中多听学生的话，让学生做班级的主人。例如，魏书生就很听学生的话，他的班级公约是让学生自己制定出来的，其中还包含了学生对教师的要求，使班级公约变成了教师和学生一起遵守的公约，这样的班级公约对学生而言更有公信力。

另外，教师要做好教师，就要多听学生的话，从而根据学生的意见积极改变自己的教学形象和教学方式。学校对教师的考核，也应该多听听学生的话，与其学校自己制定对教师的评价方案，还不如让学生制定方案来评价教师来得恰当。例如，下面一个班级写给校长的信中提出的对自己老师的评价方法，虽然没有学校制定的评价方案详细和全面，但都说到了点子上，学生提出的评价内容无疑是学生最在意的内容。

【案例】学生评价教师的细则

尊敬的校长好！

我是六（1）班的班长，下面我把我们班学生评价教师的评价细则及评价情况写给您看一下，请多提改进意见。

加分条件：（1）上课时微笑加5分；（2）教学方式新颖有趣加5分；（3）作业布置合理加5分；（4）关注每一个学生加5分；（5）和学生谈心或一起做游戏等加5分。

减分条件：（1）上课迟到或拖堂减5分；（2）上课对学生发火减8分；（3）占课减5分；（4）当众揭学生的短或骂学生减5分；（5）上课接听手机减2分；（6）上课只是照着书上念减5分。

说明：100分为底线，一个月由学生评价一次，总分120分为优秀，110分为良好，100分以下为不及格。

二是教师要改多说为多问。

问题是教学的心脏，是学生思维的发动机。教师的作用应该是引导学生发现问题、研究问题和解决问题。教师的教学首先应该引导学生自己提出问题，当学生自己提不出问题的时候，教师退而自己提出问题让学生思考。

所以，教师说话的语气更多的应该是一种问语，如果让学生自己提出问题，教师就应该多问问学生“有什么”，如果教师自己提出问题，教师就应该多问问学生“为什么”。教师是否问得好，许多情况下决定着学生是否学得好。

具体而言，教师大致有这样几种问话方式：一是追问。追问是纵向深入式的，它可以引领学生深入理解知识。追问一般倾向于同一个学生，这样可以保持学生思维不被打断，也有利于对话的深入展开。二是探问。探问就是课堂上当学生由于知识欠缺、问题本身模糊或有一定难度等原因无法回答问题时，教师变换角度，或化大为小，或化难为易，或化虚为实，让学生换一个路径接近问题的答案。三是转问。转问一般在追问无效时，或为了问题得到更多学生参与讨论而出现的。课堂上，教师一般会用“谁还有补充?”“谁对这个问题有更深的理解?”等将问题转向另一个学生，使问题得到更好的解决。四是反问。反问是指引导学生逆向思维发问，让学生反着想想这样是否对，进而明确自己回答的不足之处。

当然，教学的更高境界是问题不是由教师提出，而是让学生自己发现问题并且自己研究问题和解决问题。要做到这一点，教师需要巧妙地设计一些能够产生问题的教学“机关”。

【案例】让学生自己纠错

教学“确定位置”时，我发给每个学生一张“几排几座”的座位票，让学生找相应的座位。由于我设计的座位数多于学生数，我只能一一检查学生坐得是否正确，费时又费力中发现一名学生坐错了却“心安理得”，因为他有座而坐。

在下一班级教学时，我改变活动设计，使座位数少于学生数，结果发生了坐错学生与应坐学生之间的矛盾，这就需要他们在争辩中自查自纠，“落实”正确的位置。另外，一些“多余”学生为了找自己的座位，就不厌其烦地去检查别人的座位是否正确，相应督促了被查者的自我检查。

在教学中，练习是学生巩固知识、提升知识水平的重要途径，因此教师都比较重视习题的形式和内容的设计，提高学生练习的兴趣和效度。但是，对于学生练习过程的自控、自查、自纠，教师一般采取在学生练习过程中附加要求提醒学生检查或在学生练习结束后加以评改帮助学生检查等措施，学生处于被动状态。而上述案例中，教师巧妙地改变练习的设计方式，让学生在矛盾冲突中生发主动检查解题过程的自我需求。之中，教师的作用只需要主导问题的暴露，而不再需要大费口舌地讲解或解释。

教师不一定要说好话

曾经在杂志上看到一篇题为《掺杂的生活更美好》的文章——

科学家发现，将锗提纯可以制成极为优异的晶体管。然而，日本新力公司的江崎博士每次实验都不可避免地带进了杂质。后来，他想，既然绝对提纯不可能，何不反其道而行之，试着一点点掺进杂质？这一构想遭到很多专家的嘲笑和反对，但他毫不气馁，坚持不懈地做着试验。终于有一天，奇迹出现了，一种极为优异的晶体管诞生了，它就是半导体晶体管，江崎博士也因此荣获了诺贝尔奖。

丰富多彩的世界并不是由单一物质组成的，试着掺入和容纳一些杂质，生活反而更真实和美好。“水至清则无鱼”，某些“杂质”原本就是构成美好生活的和谐音符。

在教育教学中，教师的话语表达要做到“绣口”，能够准确和正确，这是一种做人的规矩，也是一种做课的规定。然而，有时教师的言语中掺进一些“杂质”，变原来完美的“全导体”教学为不完美的

“半导体”教学，反而能让学生听得更认真，听得更仔细，从而获得更好的学习效果。

一是教师的“乱说”，有时让学生的思想不乱。

在教学中，我们教师以能够说一口流利的语言而自豪，这也是许多地方制定的好老师的一条评判标准。所以，我们的教师都练成了出口成章、滔滔不绝的说话水平。

然而，教师的好口才未必能带来教学的好效果，一是因为教师说话的流畅会减少学生思维的阻力，让学生没必要梳理问题；二是因为教师说话的完整会降低学生思维的难度，让学生不需要琢磨问题；三是因为教师说话的快速会提高学生思维的节奏，让学生来不及反应问题。

对此，高明的教师一般不会急于宣布教案或教材上已经备好的完美无缺的话语，而可能会故意掺进一些“杂质”，例如说一些“反话”，加一些“反例”，让学生的学习变得疙疙瘩瘩，教师这样的“乱搞”，却能使学生的思想不乱，有效克服在学习中容易产生的思维定式。

曾经在杂志上看到一篇题为《乱哄哄的效果》的文章——

大的商厦乃至小的地摊，商品摆得干净整齐好，还是乱哄哄的好？多此一问，当然是干净整齐好。然而，正确答案是：不一定。

上海有一家所谓古董店，店里乱哄哄的，包装纸撒了一地，纸盒子七零八落，货物塞满了过道……生意很不错。店主掌握了一个反其道而行之的规律：乱哄哄的好卖！

盛夏，马路边西瓜摊摊主专门把西瓜擦洗干净，然后依次排列整齐，横是横，竖是竖，大是大，小是小，非常赏心悦目，像受检阅的部队似的。没料到那么清洁的西瓜摊生意一塌糊涂。有人给摊主出了一个主意：你把西瓜乱七八糟地堆放，然后再去弄一点烂泥浆涂抹在西瓜上，这样生意就会好。果然，他的生意好了起来。

看来这条经验不是人人都能理解的：店铺越乱生意却越好。其实在教学中，有时也是“乱说”知识效果却反而好。乱了，学生就有了使之不乱的愿望，乱了，学生就有了表现自己的机会。

例如教学圆锥体积公式的推导时，教材只是提供了等底等高的圆柱体和圆锥体的容器让学生探究，有一位教师说的时候自行加入了"杂物"——等底不等高、等高不等底、不等底也不等高的圆柱体和圆锥体的容器让学生探究，虽然这样让学生的探究显得"手忙脚乱"，但可以让探究的内容更全面、探究的结论更可信。

教师的"乱说"有时还能训练学生的抗干扰能力，让学生增加自信力。例如一位教师在一位学生朗读过程中，时不时乱说"读错了""读岔了""读反了"等杂音来干扰学生读书，从而培养学生专心致志的学习习惯。曾经在杂志上看到一篇题为《游戏里的秘密》的文章，与这位教师采用的教育方式可谓异曲同工，一个人抗干扰能力的好坏有时决定着最后结果的好坏——

美国一家游戏软件公司举办了一场简称为"SAT"的单机游戏竞赛，一共12关，限时25分钟，游戏本身并不复杂，然而最终没有一个人全部过关。

在这一游戏竞赛中，成功与否的关键不仅仅取决于参加者"消牌"的速度，而且还取决于在过完一关准备进入下一关时所用的时间长短。原来，在游戏中，参与者每通过一关，电脑就会播送一首短歌和鼓掌声，还会在左上角出现一朵缓缓盛开的鲜花和贺词。于是，每通过一关，参与者总是会被这些歌声、掌声和鲜花所干扰，精力就被暂时分散，无法立刻集中精力继续下一关的比赛。

由此又想到我们教师的板书，一直以说完整、说清楚为好的标准，结果造成在全课总结时，学生常常只需照板宣读，无须再动脑筋进行"总结"。而有一位教师在板书时故意把知识点写乱，有的写在黑板的这一边，有的写在黑板的那一处，其中还夹杂着一些无关紧要的东西，等到全课总结时，学生还得挖尽心思地进行整理和筛选，这样板书的"杂乱"，虽然并不美观，却能让全课总结不流于形式。

二是教师的“错说”，有时让学生的收获不错。

在教学中，我们教师常常为自己说错话而自责，因为教师始终认为自己是真理的化身，不容许说错话，一旦说错话，就会感觉无地自容，认为会降低自己在学生心目中的地位。

然而，教师不是完人，也不是金口，再加上在教学过程中教师不仅要关注设计的内容，还要关注学生的动静，一心不能两用，于是常常会说错话，这是很正常的现象，只需要能够及时告知学生和改正错误，学生也会理解，也不会造成不良的教学后果。

其实，教师说错话，有时反而能够收获不错的教学效果。一方面，教师说错话让学生改错可以引起学生对知识的注意，特别是在知识的关键之处，教师故意说错后让学生来改错，这样的互动可以让学生去伪存真，加深学生对关键知识的印象，并且能够对易错之处引起重视，防患于未然。

例如当学生学习“商不变性质”之后，有一位教师在课中口述“商不变性质”的时候，有时故意把其中的“被除数”和“除数”错说成“被乘数”和“乘数”或“被减数”和“减数”，有时故意把其中的“相同的”错说成“不同的”，有时又故意漏掉其中的“同时”“相同的”“零除外”等关键词，让学生时不时地指出教师的错误。

另一方面，教师说错话让学生改错还可以引起学生对教师的注意，有一位教师告诉学生自己在讲课过程中经常会说错话，如果能够指出教师的错误，平时成绩将会给予加分，结果学生为了能够加分，就时时刻刻盯着教师，以求能够发现教师的错误，最终的效应是学生盯着教师也就等于学生盯着知识，如此学习怎会不好？当然教师也要为学生创造机会，在一些地方故意说错话，例如说错公式、说错单位等，让学生为能及时指出教师的错误而欣喜。

综上所述，教育的道理、教学的知识不一定总是由教师说出口，有时完全可以让学生自觉自悟、自主自理。如果教师要说，也不一定要说得那么好，有时说不好反而能促使学生说好。

原　解

子张学干禄。子曰：“多闻阙疑，慎言其余，则寡尤；多见阙殆，慎行其余，则寡悔。言寡尤，行寡悔，禄在其中矣！”

“沉默是金”，意为沉稳的人默默思考获得成功。

辩　解

13 “沉默”不一定“是金”
——学生应有能说会道的口才

常听教师抱怨说：“现在的学生，真的不知道是怎么回事，低年级的时候是叽叽喳喳整日地闹个不停，到了高年级的时候又成天‘非暴力不合作’式的沉默寡言，任你是东南西北风，他自巍然无声无息。”

“沉默是金”自古以来就是一种被颂扬的优良传统，还有句注解说：是金子总会闪光的。但是，据前程无忧网的调查，目前，职场上只有38%的人的才能是上司主动发现的，有27%的人是通过暗示、提醒使老板发现自己的，而有35%的人，上司是根本就没有可能发现的。看来，沉默的金子其实是很难被人发现它也能闪光的。曾经看到一则伯乐相马的故事——

当伯乐仔细地查看了那些表面上所谓的骠肥体壮的马之后，失望地准备要离开，这时候传来一声响亮的马叫声，吸引了他的注意。原来这是一匹站在马厩角落里的马，瘦弱不堪，是主人平常最看不上眼而用来做杂役的“驽马”，但是它的一声引颈长嘶，声音洪亮，如大钟石磬，直上云霄。伯乐一听之下，大喜，知道这才是一匹真正的千里马。

试想，如果没有那一声“引颈长嘶”来打破沉默，估计纵使是千里马，十有八九也只能被主人用来拉柴运货。鲁迅先生也说过：“不在沉默中爆发，就在沉默中灭亡。”

在教育中，那些能说会道的学生更容易被教师发现他们的才能，也更容易得到教师的厚爱。在美国的一些大学里，每到有大师名家来讲学讲座的时候，听讲座的大学生们多会在桌子前面摆放一个写有自己名字的纸板，他们说，一旦大师们需要临时找人来互动配合或者提问的时候，自己就可以很方便很及时地被钦点，这样一来就有机会可以跟这些名满天下的大师做最亲密的接触，而这不仅能最近距离地向大师学习，也有了向大师展示自己的机会，就有可能获得大师们提供的种种帮助与提挈的机遇。

有个资深的人力资源专家说：“就好比是有一万个人站在同一条起跑线上，试想你让我怎么才能在最短的时间内发现那些真正的人才呢？或许沉默的大多数中有着更多的更优秀人才，但是很遗憾的是，我只能对那些最早打破沉默的人留下印象。”

“桃李不言，下自成蹊”的时代已经成为真正的历史了，现在的社会“酒香也怕巷子深”。“沉默不是金”，对学生的学习而言同样适用，因为你一旦沉默，就可能永远沉没。当然，学生的不沉默，固然需要自己的勇气，但也离不开教师的关照与爱护。

允许学生七嘴八舌地议论

某日参加旅游团到北京，最后一个行程是在三个自费项目中任选一个。导游作了极具倾向性的介绍之后，“大方地”让游客们自己举手表决。她先问：“想去恭王府的举手。”无人举手。她又问：“中央电视塔和海底世界都不想去的举手。”无人举手。于是导游如愿以偿地得出结论："根据大家的意愿，我们就去中央电视塔和海底世界吧。"其实在表决之前，车子早已在向这个目的地行驶了。

不喜欢公开表态，是中国人的传统。王小波曾说，古往今来最大的一个弱势群体，是沉默的大多数。这样的人性写照其实在学校课堂中就可以找到，我们的孩子在师道尊严中常常沦为沉默的一代。要改变这种局面，我们的教师就要允许学生七嘴八舌地议论，首先是敢于说话，然后是敢于说不同的话，哪怕是说出教师不想要的话和不想听的话。

一是敢于围绕知识发表议见。

让学生能够议论的前提是要让学生敢于说话，学生敢于说话在课堂教学中的表现就是敢于举手。而现在的客观情况是学生越来越不敢举手，原因除了随着年龄增长而增长的羞涩之情之外，教师的处理不善也是其中很大的原因，例如教师对回答不对、回答不好、回答不出的学生常常态度比较冷淡甚至冷冻，致使学生以后不得不三思而举手，有了十分把握才敢举手，以防止再次惹来教师的不满。所以，教师要让学生不沉默，首先要做的是给予学生安全的表达氛围，不管说错说对，都能得到教师的善待。

在德国学校的课堂，表达自己的想法是学生所要练习的重要能力。老师认为，发言不仅仅是人的权利，而且是一种义务。而说话和论述的能力可以通过各种课堂讨论来提高。在讨论当中，让学生练习的，除了勇敢捍卫自己的思想之外，就是尊重别人的独立思想。别人的想法和你再不同、再对立，也要把他人的话听完，也要试着去理解不同的看法，或者拿来补充、完善自己的。学生讨论之后大多没有一个最终的答案，每个人只得出相对的答案，而不是绝对的。听上去像是白讨论了，但实际上大家都感到极有收获，对所讨论的事物有了更全面的认识，自己的思维拓宽了，表达能力有所提高。

然而，我们的课堂教学如今还存在着这样一种弊病，那就是教师的专制教学导致学生"知道装作不知道，懂装不懂"的沉默。其中一个很重要的原因就是教师忽视了学生的学习状态，忽视了对学生学习起点的分析，所设定的教学起点只是教材的逻辑起点而并非是学生的现实学习起点。所以，教师要让学生不沉默，还应该给予学生能够表达思想、表达情感的机会。其中一种做法就是开放教学设计，对要学习的知识，在教之前能够先让学生说说自己已经知道了什么、还想知道什么，此时，教师的“沉默”就能换来学生的不沉默。

【案例】让学生“说”出知识

下面是“5的乘法口诀”两个不同的教学片段——

教法一：

（一）创设情境，导入新课

1. 让学生在白纸上描出自己的小手，并展示在黑板上。

2. 数一数一共有多少根手指？学生说了几种方法后老师带着学生5个5个地数。

3. 揭题：因为以后遇到这样5个5个地加太麻烦，所以古人发明了新办法。（板书课题）

（二）教学新课

师：1个5算式怎么表示？（生：1×5=5或5×1=5）

师：说说表示什么意思？（生：1个5是5）

师：1个5是5可以编一句乘法口诀。（板书：一五得五）

师：那算2只手的手指数，怎么列式？

……

教法二：

（一）谈话引入课题

1. 你知道乘法口诀吗？（学生急于表现自己，踊跃发言）

2. 怎么会那么多的乘法口诀？

生：爸爸、妈妈教我的。

生：铅笔盒上看到的。

……（学生很自豪地回答）

（二）教学新课

1.5 的乘法口诀谁会背？（学生很流利地背出）

2. 教师似漫不经心地挑了句“二五一十”，让学生说表示什么意思？

师：谁能用棋子演示出来？（让两生演示摆）

师：谁看明白了是怎么摆的？表示什么意思？“一十”是什么意思？

同桌合作：挑选一到两句口诀摆出棋子，写出算式。

学生活动：填好表格后反馈。

“5 的乘法口诀”一课，很多教师都是按照教材的编排像教法一“创设关于 5 的生活情境——列出 5 的乘法算式、说意义——编口诀——巩固 5 的乘法口诀”的顺序进行教学，这样的教学忽略了学生的起点能力，把学生当成一张“白纸”，对学生已有的生活经验和学习状态视若无睹，只注重了教师的教而忽视了学生的学。而教法二考虑到了部分学生能熟练地背部分口诀，实际教学时，教师调整了教学顺序而把“编出 5 的乘法口诀”这一环节提前，然后按照“口诀——意义——情境——巩固”的思路进行教学。这样的顺序真正体现了教为学服务的思想，学生的学习自主性被充分调动，教师的教学在学生的七嘴八舌中获得了良好效果。

不再沉默的学生，不仅会答问，而且会发问，有时提出的问题有可能会难住教师，此时教师不应该感到难堪，而应该感到欣慰，这说明学生不再是一只“沉默的羔羊”。

清代著名教育家、训诂学家戴震，年幼上学时，一次上课，一连问了 5 个问题，第 5 问使老师一时语塞，无从答起。学生们担心戴震会冒犯老师的尊严，都替他捏了一把汗。不料，老师丝毫没有责怪、发怒，反而哈哈大笑，连声称赞：“戴震不是一般的孩子，他真聪明，希望大家都像他一样，经常向老师多提问，只要大家肯问、善问，老师甘愿被学生问倒。”

然而，在现实教育中，像戴震这样真正会提问的学生少之又少。2009年11月16日，第一次访华的美国总统奥巴马和上海青年学生进行了一次交流，结果听众都犯了嘀咕：这么难得的机会，提问的那几个同学到底怎么了？原来大学生提出的“世博会明年将在上海举行，您是否准备参加世博会呢?”等7个问题虽然正确，却毫无精彩可言。

回想到几年前，克林顿在北京大学演讲时，大学生的提问一个比一个尖锐，一度让他紧张到难以招架。最后，克林顿在结束问答时加了段陈词：“你们提的问题远比我的演讲词更重要——我没有在讲话时学到什么，而只有在聆听时学到了东西。”私下里他又对当时的北大校长陈佳洱感慨：“你的学生很出色，我走过世界这么多国家，从没有哪个学校的学生能够提出今天这样的问题!”

是啊，要让他们具有犀利、睿智、敢于挑战权威的气质，教师就要让我们的学生不仅敢提问，而且会提问。换一句话说，也就是首先要让我们的学生不沉默于一般学生之中，然后要让学生的提问不沉没于一般问题之中。

二是善于围绕问题发现议题。

尊重学生的已知已会，也就尊重了学生的人格。当学生成为学习的主人后，就不可能再甘于沉默。在此基础上，在教学中，教师还应该善于制造一些知识上的冲突，给予学生可以七嘴八舌议论知识的话题。例如，对于“$30\times(\frac{1}{2}-\frac{1}{3})$”一题的计算，有的学生认为用“$30\times\frac{1}{2}-30\times\frac{1}{3}$”计算比较方便，而有的学生认为按顺序计算也很方便，因为他已经知道“$\frac{1}{2}-\frac{1}{3}$”这样特征的算式的结果是“$\frac{1}{2\times3}$”。

让学生举手，不仅可以促使学生积极发言，而且可以了解学生的学习情况，从中发现学生的学习还存在什么问题，例如，对知识的理解和掌握，教师可以让学生通过举手来反馈教学效果。除此，学生的举手情况还可以暴露一些隐藏着的教学资源，让知识问题不再因为沉默的学生而沉没。

【案例】让学生在举手中“举”出知识

一位教师教学“数字与信息”时，先挑了几位无锡本地学生汇报各自家庭成员的出生日期和身份证号码，教师抓住这几个身份证号码让学生比较分析，引导他们发现身份证能反映出一个人的出生日期和性别，还发现不同的身份证号码中前几位有着相同的数字“3202”，并经过教师的指点明白了这部分数字表示“江苏省无锡市”等信息。

然后，教师又挑了一个外地学生（如今在无锡就读的外来学生已占有相当大的比例）汇报她的家庭成员的身份证号码，让学生研究它与本地居民身份证号码的不同之处。

在上述案例中，学生的作用在教师一一“点将”中被“暗锁”了，难以使本地学生与外来学生这一地区差异资源对本课教学做出更大贡献。如何让教学资源不沉没？解决的方法是让学生不沉默——“举手之劳”。教师可以在一部分本地学生汇报身份证号码的基础上，让与身份证前几位数字“3202”相同的学生举手，以此让学生在身临其境中自己找到其中的问题：还有一些同学为什么不举手？通过观察，他们可能会发现这些同学都不是本地人，进而在好奇中接着找到问题：他们的身份证号码又是怎样的？于是在自发交流中寻找其中的奥秘。

允许学生说三道四地评论

“七嘴八舌”更多的是不同观点的交换，有时是议论，有时是讨论，气氛相对比较温和，而“说三道四”则更多的是不同观点的交战，有时是评论，有时是辩论，甚至有时是争论，气氛相对比较激烈。说三道四的对象可能是学生对学生，也可能是学生对教师，也可能是学生对教材，也可能是学生对教学，不管如何，这都需要学生具备很强的主体意识。

一是敢于针对教师发起评价。

让学生经常向自己提意见和建议，从而“塑造”他们喜爱的教师，从教育心理学的角度来分析，这样能使每一位学生感到平等和受到尊重，能使学生从“被动者”的地位逐步转到“主动者”的地位；再从“逆反心理”的角度来分析，让学生提意见和建议，往往会让他们想到教师的优点和长处，同时也会反省自己的缺点和不足。

教师虚怀若谷，与学生平等相处，本身也是一种美德。“泰山不让土壤，江河不择细流”，海纳百川，有容乃大。教师的缺点和短处，学生往往最清楚、最了解。让学生经常向教师提出意见和建议，有利于培养学生敢于讲真话、讲实话的优秀品质，同时，也能创造出一种和谐、新型的师生关系，这就使得教师更能得到学生的尊重和爱戴。

“过也，人皆见之；更也，人皆仰之。”尽管一些学生的意见和建议有可能偏激，甚至不实际、不科学，但是学生对教师的督促可以促使教师主动对长期积淀的陈旧观念进行根本性的变革。

学生“塑造”教师，教师不再是“园丁”，学生也不再是“花朵”。教师和学生应该是平等的，是互相“塑造”的，是一枚硬币的两面。教师与学生的关系，应当是亦师亦友的关系，教师应当不断适应自己的学生。教师要成为学生喜爱的教师，就要不断地、主动地让学生来“塑造”自己。

【案例】教学意见簿[①]

身为数学老师，一个班基本上一天是一节课，剩下的时间就是批作业，订正作业，与语文教师相比，总感觉与学生之间缺乏了更多的交流与接触。看着语文老师从作文、周记中和学生心与心的碰撞，羡慕之余不禁又多了一个想法，为什么数学不能有一本“日记

① 作者是江苏省无锡市羊尖实验小学教师孙梦舟。

本"呢？

于是我在班级中创建了"教学意见簿"，让学生对我及对我的教学提出意见。有了它，我能更真实地听到学生的声音，及时改变和调整自己的讲课方式。比如，有的学生在意见簿上写到："老师，你知道吗？最近一段时间我上课老是走神。"这段诉说提醒我在课中要多关注一些特殊的学生，并努力使自己的教学增加吸引力。还有的学生说："老师，你有的时候讲得太快了，我有点跟不上。"这个意见提醒我在课中要多关注一些学习困难的学生，放慢教学的节奏，多问问他们对我讲解的内容是否理解。

美国心理学家罗杰斯说过："成功的教学依赖于一种真诚的尊重和信任的师生关系，依赖于一种和谐安全的课堂气氛。""教学意见簿"拉近了教师与学生的距离，给了学生对教师对教学提意见的媒介，就像一面镜子，时刻提醒着教师要不断了解学生，站在学生的角度看问题，为学生改变自己和自己的教学。

当然，为了方便起见，教师也可以让学生直接把意见和建议写在作业本上，这样在批改学生作业时就能够及时阅读，并且相对具有私密性。除此，学生还可以通过QQ或博客对教师提出意见。

二是善于针对教学发动评说。

我们是如此习惯于沉默，以至于在国外住了多年、被"洋人"思想洗脑的作家龙应台一回来，就不禁大发感慨，问中国人为什么不生气？对于这声质问，中国人还是不生气，沉默地去买她的书，沉默地来看她的书，然后，以沉默来应答她的质问。

在教学中，我们的学生也同样习惯于沉默，沉默得教师有时很生气，问学生为什么不说话？对于这声质问，学生还是不说话，还是不生气，依然沉默地听着教师讲课，沉默地看着自己的书本。要改变这种沉默的局面，教师除了引导学生敢于对教师提意见之外，还要引导学生敢于对教师的教学提建议。

例2 订阅下面的杂志，最少订阅 1 本，最多订阅 3 本。有多少种不同的订阅方法？

杂志种类	只订 1 本			订 2 本			订 3 本
《科学世界》	√			√	√		√
《七彩文学》		√		√		√	√
《数学乐园》			√		√	√	√

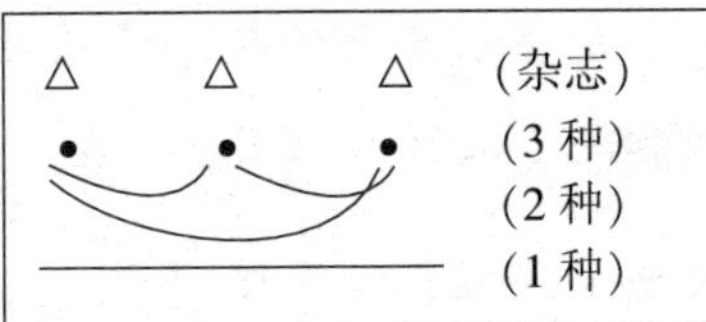

例如，教学“用一一列举解决问题的策略”时（如上图），大多数学生用文字表示杂志进行列举，部分学生用图形或字母表示杂志进行列举。教师感到遗憾的是，竟然没有学生想到用教材上介绍的列表法进行列举，教师只能自己介绍这一方法。过后，有一位学生对教师的教学提了一个建议，他认为画表反而麻烦，还不如画示意图（如右图）代替列表的列举方法，既可以避免画表的麻烦，又可以体现方法的清晰，一举两得。这一列举方法教材中没有编入，教案中也没有写，但恰恰是学生真实的呼声，教师完全应该采纳学生的建议并向其他学生推荐。

【案例】随“手”拈来的教学资源

教学“5 的乘法口诀”时，教师出示教材挂图：河里有 5 只船，每只船坐 5 个小朋友，……教师刚要发问，突然，一名学生举手：“5 的乘法口诀，我会编。”

教师一怔：哦，她在迁移“2、3、4 的乘法口诀”几节课的学法。“那你说，怎么编呀？”

该生伸出一只手：“一五得五”；伸出两只手：“二五得十”（教师指导：二五一十）；她又拉起同桌的一只手：“三五十五”；拉起同桌的两只手：“四五二十”；……

学生向教师提建议，有时并不会明明白白地告诉教师，而是隐藏在学习活动之中，就如上述案例，学生没有顺着教师的教学思路走，而是抛弃教师呈现的教材情境图，换成用自己和同桌的手指大做文章。教师应该明白的是，学生的这种学习“走样”并非是学生的“叛逆”行为，而是手指属于学生最熟悉的学具，随时随手可用。对学生的这种生成性教学资源，教师应该见机行事，积极调整自己的教学预设。

除了因学生的建议而改变教学方法和教学方式外，教师甚至还可以因学生的建议而改变教学进度和教学内容，为学生的需要而教。

【案例】“聊”出一种新需求

元旦前几天的数学课前，宣传委员征求我对新的一期黑板报的排版意见。我随口回答：“既然是庆祝元旦的内容，那就把报头画大些，占整个黑板报的$\frac{1}{2}$吧。”

宣传委员愣在那里。“哦，分数还没学”，我反应过来：“$\frac{1}{2}$就是——”我还没解释，一名学生叫道：“$\frac{1}{2}$是个分数。”

我惊讶：“哦？你知道分数？再说说。”

“分数就是把一个东西平均分，它有分子和分母。”

“那$\frac{1}{2}$的分子和分母分别是什么呢？”我在黑板写上了大大的$\frac{1}{2}$。

“上面的是分母，下面的是分子。”我笑了，纠正了他的错误。

一旁的学生说：“我在报纸上看到过分数的。”

“那你能告诉宣传委员$\frac{1}{2}$就是这块黑板的多少吗？”

“就是这块黑板的一半。”他洋洋得意。

……

其他学生见状，纷纷要求我教他们关于分数的知识。呼声高涨，我决定把教材“分数的初步认识”提前教学。那节课，学生特别投入。

另外，教师在教学中常常会遇到这样的困惑，自己设计的教案有时与学生的学路不协调。所以，对一些教学内容，与其教师绞尽脑汁地自己去寻找进入学生心灵的入口，还不如尝试让学生自己来评说知识来得直接和准确，从而真正上出属于学生自己的课和学生需要的课。

例如，试卷评讲课很容易出现学生默默无“语”甚至默默无“闻”的无精打采。对此，我们不妨让学生自己来上评讲课。具体做法可以是，教师组织一些能讲会道的学生成立评讲团，让他们研究全班学生的失分情况后，筛选出一些需要在课上评讲的习题，然后在同学中征求意见——“是否还需要在课上公开评讲?”同时同学也可以把自己的困惑主动报给评讲团，以备评讲团最终确定评讲内容。最后，评讲团学生在课上分工评讲，其他同学可以随时补充或提问。这样的评讲课彻底改变了原来教师讲得“头头是道”、学生听得“头头是倒”的局面，让学生不再因教师的包办教学而沉默。

综上所述，“禁口”的沉默和“金口”的寡言不应该是学生学习的表情，相反，“七嘴八舌”和“说三道四”的敢说敢问敢做才应该成为学生学习的常态。可以说，学生“能说”和“会道”的口才，是学生说“能”和道“会”之学习效果的有效保证。

原解

《北史·李孝伯传》：“风容闲雅，应答如流。”

“对答如流”，意为回答问话像流水一样快。形容口才好，反应快。

辩解

14

“对答”不一定“如流”
——学会等待也是一种教学智慧

台湾财经前辈汪彝定先生常念叨“慧女不如痴男”，说的是任何人“慧”不如“痴”，慧易成事，但难成大局；痴似呆拙，但孜孜矻矻，一点一滴，最终能成就不凡的格局。

在教育教学中，教师也是“慧”不如“痴”，不能太聪明，聪明得精确计算着所有的问题，追求用最快、最正确的方法回答学生或者让学生回答；聪明得精心算计着所有的学生，追求用最快、最完美的方式培养学生，期望速成、期待短利，虽然急功近利容易成事，但往往成的是育才的小事，难成育人的大事。

教师最好的品质是“一点聪明一点痴”，有足够的聪明分析难易、好坏，但有时也要有耐性，能够痴痴地等待学生的自觉自悟自理自立，做一些短期看起来并不聪明，但对学生的长远发展有利、有益的傻事。也就是说，教师有时口才未必要那么好，表现上迟钝一点也无妨；教师有时反应未必要那么快，时间上迟延一点又何妨。

回答迟延又何妨

现实教学中，教师的求快常常让学生的深入思考和深入学习成为泡影。我们常说教学是一门艺术，其实教学是一门时间上的艺术。怎样可以给学生安排更多的学习和思考时间，是对教师教学理念和教学智慧的考量。对此，教师至少应该努力做到以下两点。

一是教师不必急于立即回答学生问题。

课堂教学之所以充满生命活力，就因为教师面对的是一个个鲜活的生命体；课堂教学之所以有价值，就在于每一节课都是学生不可复制的生命历程。所以，当课堂上出现一些生成性问题时，教师不必急于回答，不妨等待一下，看看其他学生对此问题的反应和反映，以此决定自己接下来还要做些什么。

【案例】一次意外的精彩[①]

在执教《称象》时，小昊突然说文中的插图画错了：“大象那么大，船那么小，大象一只脚踏进船里的时候，船肯定要翻的，应该把船画得大些。”

如何回答他的疑问呢？我决定把“球”踢给学生，有学生说：“如果船太大，大象上去后船下沉的就不明显，两次刻的标记没有变化，这样就无法称出大象的重量，曹冲选用这个船是没有问题的。”

我帮小昊接着追问：“那怎样防止翻船呢？”

“搭上长板子，拉着大象踏着板子上船。”

“不行，一般的板子不能承受大象的重量！”

“把船拉到岸边，用沙子固定好，大象上船后，再将小船推到深水区就行了。”

---

① 作者是浙江省金华市金师附小教育集团教师周敏成。

很多学生赞同。我表扬了小昊敢于质疑的做法，也肯定了其他学生富有创意的想法。这时又有学生提出：“老师，我觉得曹冲的这个方法不是很好。”

我心中大喜：“是吗？你们有什么好办法？说出来跟曹冲的比一比。”

“我觉得用人来代替石头好，可以减少搬运时间，方便多了！”

“我觉得，他们那个时候牛肯定很多，而且牛也很重，咱们可以用牛来代替石头。”

“如果是这样，那么马也可以。”

“我们还可以用跷跷板来称！”

学生你一言我一语，嘴上是激烈的讨论，脸上是创造的激动。

课堂教学是一首流动的乐曲，随时都有不确定的音符带来新的生成的乐章，而教师的延迟评价则是推动教学的催化剂。

另外，教师的延迟评价还可以是保护学生的柔化剂。在课堂教学中，我们常常会遇到一些学生回答不出或者回答不好问题的场面，此时有的教师就会直接替学生回答，这样的代言常常让这些学生没面子。而聪明的教师会寻找理由和选好方式，让他们能够体面地坐下。

例如，一位教师请学生说一说“难为情”的意思，第一位学生站起来支支吾吾说不清楚，脸涨得通红，低着头，一只小手挠着后脑勺。此时，教师没有急于评价这位学生的表现，而是等另一位学生回答：“‘难为情’就是指事情没有做好，脸面上过不去，特别不好意思。”之后，教师才走到第一个学生面前，和蔼地说：“你虽然没有说出‘难为情’的意思，但是你用表情把‘难为情’做出来了，让大家一看就知道了什么是‘难为情’。所以说，这位同学回答得这样清楚，有你一半的功劳。”这位教师的激励性理答，既保护了学生的自尊心，又将对“难为情”的理解融入了具体的情境中，一举两得。

【案例】一道错题的精彩

徐老师准备上试卷评讲课。按照老规矩，徐老师会将大家错得多的题讲完了，才发下卷子让学生自己改。今天学生却已经从课代表那里拿到卷子，自顾自地看起来了。徐老师干脆先让学生自己改错，然后在四人小组中交流各自在考试中出现的问题，最后向全班同学展示自己改错的经验。三个环节下来，大部分学生都意识到自己错在哪里，该如何改正了。

这时，有学生提出“用1、2、3、4组成两个两位数，乘积最大是多少?”这个问题还没弄懂，徐老师不急着回答学生的疑问，而是问有没有学生会回答，结果一位学生自告奋勇上台讲解：“要使积最大，我们可以把最大的数字放在两个数的十位上，这样就可以列出42×31或41×32，把它们的积算出来，发现最大的应是41×32=1312。”

不少做错了的学生频频点头，正在全班为他鼓掌时，另一学生举手大声说道：“老师，我想提醒大家一下。”

“来，说说看。”徐老师鼓励道。

“这道题是求积最大，如果求积最小的话，方法也是一样的。只是把最小的数放在两个数的十位，然后计算比较。”话还没说完，学生就用草稿本算了起来，一会儿就纷纷叫起来：“最小是14×21=294。”

在学生的学习中，正确的可能只是模仿，但错误的很可能是创新。上述案例中，一道错题引发了学生举一反三的思考，一道错题变成了教学资源。而这一切，可以说是从教师没有急于回答学生的疑问开始的。

二是教师不必强求学生立即回答问题。

在课堂教学中，由于时间的紧张，教师往往在提出一个问题之后，就希望和要求学生能够立即回答，在如此急性子教师的教育之下，学生也普遍显得急躁，不等深入思考就急于回答教师的问题，导致答问质量不高。对此，教师应该允许学生延迟回答，在多看、多听、多想、多做的基础上，经过深思熟虑之后，或者是在小组内交流之后，再回答教师提出的问题。

在教学中，为学生提供充足的时间去思考教师的问题是课堂提问中的一个重要方面。在课堂上教师的提问行为这一领域居于领先的研究者之一是玛丽布蒂若（Mary Budd Rowe）。她通过几年的研究发现大多数教师等待学生回答的时间不到1秒钟，但也有一些教师等待回答的时间平均在3秒钟左右。玛丽布蒂若比较了这两种情况对学生反应的影响，发现在等待时间较长（3秒或以上）的情况下，学生中间将产生更富有思考的回答、更多课堂的讨论，以及对问题情境更具批判性的分析。

时间上的延迟回答好处还包括：（1）学生回答问题的长度增加了400%～800%；（2）学生主动且正确回答的数量增加了；（3）学生回答错误或失败的数量减少了；（4）学生的自信心增加了；（5）学生更主动地、自发地提出问题；（6）较差的学生也比以前贡献得更多（增加的范围在1.5%～37%）；（7）产生了各种各样的回答——创造性的思维增加了；（8）纪律问题减少了。

另外，在学生回答问题时，教师也不必急于要求学生能够一下子回答到位，可以让学生在相互补充、相互纠正、相互辩论中逐步完善。由此可见，教师对学生的延迟评价还可以培养学生的自我评价能力，实现学生的矫正学习。

例如，学生在做“找规律填数1，2，3，5，8，（　　），21”这道题时，很多学生会认为从2开始增加1，2，3，4……结果填12，此时，教师不要急于评价，而是再让学生按照刚才自己找到的规律做下去——“12+5=17”，学生马上意识到“找的规律”不正确，“为什么会这样呢？它的规律到底是怎样的呢？”这时学生很需要一个思考的空间来矫正自己思维的错误，如果教师一味地催促学生回答，结果只能让学生的探究浅尝辄止、半途而废。

教师延迟评价的过程，让学生亲自体验了自己的思维从不正确到正确、从不成熟到成熟的成功的喜悦，这种思维方式的选择能力就是自我评价能力的要素之一。学生解决问题时自已能判断、发现并纠正自己思维方式的错误，实际上就是评价过程的开展。

回答迟钝也无妨

曾经在杂志上看到一篇题为《男人都爱傻女人》① 的文章——

妻子抱着6个月大的儿子傻傻地看着我："他爹，怎么哄孩子笑呢?"我又气又恨："你连这都不会?"她举起手向我发誓："我绝对不是在考你，我是真心向你请教。"我只好变着法儿给孩子扮鬼脸，学鸡鸭叫，学猫狗跳，学猴兔闹。儿子咧着嘴哈哈笑，她也乐得前仰后合。

结婚6年，我痛苦地发现：家里这个女人越来越傻，她说"老公，这事咋办呢?""老公，我不懂。"的频率越来越高。我绝望地感慨，她倒振振有词："你没发现我对你的教育很有效果吗?你从一个一无所能的单身汉变成一个万事通的家庭主男，你从一个毫无生趣的男人变成儿子眼中的幽默老爸，你从不敢抬头挺胸说话的羞涩男孩变成信心满怀的大男人，这不都是我的功劳吗?"

后来，逢别人问："结婚这么多年有何感言?"我说："找女人啊，还是傻一点好。"

是啊，在教育教学中，学生也都爱"傻"老师。教师"傻"一些，多让自己的教学有问题，学生就不傻，就能够自强不息，他们的学习反而会变得没有问题，或许也因此"从一无所能变得心灵手巧，从毫无生趣变得神采飞扬，从不敢抬头挺胸说话变得信心满怀"。有人说，聪明教师教不出聪明学生，或许就是这个意思。

另外，在教学中，教师还应该善待一些"傻"学生，不因其"傻"而埋怨，不因其"傻"而嫌弃，而是能够耐心地等待和帮助他们慢慢成长。

---

① 钊红梅．男人都爱傻女人［J］．妇女生活，2010，(6)．

一是可以设置一些学习的“缺口”。

有一家成功企业的老总在介绍经验时，在黑板上画了一个有缺口的圆，说他从来不把事情做完做绝，而总是要留一点空白，给下属发挥聪明才智的机会与舞台，由此事业蒸蒸日上。

引申到学校教育，如果在教与学之间留个“缺口”，或许就能由此成为改变教与学、师与生地位倒置的“切口”，给学生自主的时间和空间，让学生在主动“完型”知识和“自圆”知识中展示自己的才能。

格式塔心理学有一个“完型”的概念。“完型”是由各种要素或成分组成，而它在其各构成成分均改变的情况下，仍然存在或者不变。有些“完型”被组织得最规则，具有最大限度的简单明了性，这种完型被称为“好的完型”。“好的完型”会给人们带来愉悦，放松的感受，比如正三角形、正方形、正六边形等。

然而，教学“好的完型”未必能激发学生最大的学习热情，如同那些正三角形、正方形、正六边形等因端端正正缺少变化而显得单调那样，学生面对教师滴水不漏的教学“形状”，也会出现审美疲劳，进入习以为常后学习的放松状态，产生注意松动、思维松懈等“漫游”心态。

由此想到，教学中学生的被动与冷漠是否与教学的“完好无缺”有关系？具体思考，教师设计的程序是否需要那么严“格”，使学生只需要依计行事？教师讲解的语言是否需要那么严“密”，使学生只需要照章办事？原来一直作为评判好课的标准“格式”是否可以动摇？或者反过来问，如果一节课中存在着“空白”和“缺陷”，学生的学习会不会因此“空虚”和具有“缺憾”？

【案例】教师的忘了却让学生忘不了

一位高中数学教师在一个班教学“差角余弦公式”时，把中间的证明步骤给忘掉了，只好抱歉地请同学们自己看。在另一个班上，他吸取教训，把课讲得很细。

课后，他向教导主任汇报了两节课的情况，并说他认为自己的第二节课上得好。然而，富有经验的教导主任却说不一定，他请别的老师命题，对这两个班级就这节课内容的学习效果进行了考查。结果，第一个班的情况居然好很多。

上述案例中，教师把"差角余弦公式"的证明忘记讲了，无意中给自己的教学留下了"缺口"，也给学生的学习留下了"空白"，只能让学生倒过来自学，无疑，这种亡羊补牢的教法"破坏"了正常的教学结构，似乎是教学的"缺点"，但结果学生的学习效果反而好，这让教师大惑不解。其实，个中道理也不难解释：一是给了学生用心之机。课中教师一反常态地不讲证明，教学结构的突然改变，打破了学生的学习习惯，引起了学生的警觉与好奇，自觉追究教师"为什么不讲证明"和主动探究教材"到底应该怎样进行证明"，学生用心了，学习效果自然能好。二是给了学生用武之地。以往的证明一直由教师来证"明"，学生只需在听记中明"证"。《学记》说，"记问之学，不足以为师。"对学生而言，也可以说"记问之学，不足以为真学"。如果学生只用"耳朵"学习。就很容易产生浅听、少听、假听现象，所以教师讲得越多，学生未必记得越牢。现在，教师不讲证明而让学生自学，迫使学生用"脑袋"学习，学生全身心地投入了，学习效果自然能好。

教学不怕有"缺口"，因为学生有着"完型"心理；教学就怕没"缺口"，让学生无法大开眼界并大显身手。由此，教师在说话时不妨不说完、不说全，留一点缺口让学生去补充。例如，在教学"圆的认识"时，教师可以故意只说"在圆中，所有的半径都相等"，这样的不全面和不正确的话促使学生主动找茬子和钻空子，补上"在同圆或等圆中"的前提条件。

又如教师在说话时可以不"流利"，不一气呵成，说一半留一半，只说前半句或前半段，让学生集体接言后半句或后半段，这样的对答不仅可以促使学生集思，而且可以促使学生集心。

二是应该宽容一些学生的"缺陷"。

2004年，英国伦敦大学的苏·拉姆斯登教授做了一项有趣又不乏启示的实验。他找来33名年龄12～16岁的学生，其中既有考试中取得高分的好学生，也有考试不及格的差学生，并对他们进行了综合的智商水平测试。4年之后的2008年，拉姆斯登再次分别对他们的智商进行了精确测试。结果显示：在这段时间里，他们的平均智商没有明显变化，但个人的智商都出现了波动，最大升降幅度达到21。而这一差别足以让一个人的智商水平从“普通人”一跃而为“天才”，反之亦然。并且在这些青少年中，智商出现升降的人数基本相当。

后来，拉姆斯登在英国《自然》周刊中说：“人的智商一直被认为会一生保持稳定，事实上，智商可能在青春期随着大脑的变化而出现巨大变化。这项研究成果既能鼓励一部分自小被认定为所谓愚钝之人，告诉他们智力水平是可以提高的，也能提醒那些自小就聪明的人，他们不一定能保持自己的能力。”

其实，这正如田径赛跑一样，运动员们起跑时，总免不了有速度快慢的差别。关键是，最先到达终点的却不一定是起跑速度最快的人，说不定，恰恰就是起跑速度最慢的那个人。所以，在教学中，教师要宽待一些说话和思维迟钝的学生，宽容他们学习中存在的“缺陷”。

【案例】高高托起，轻轻放下[①]

小何喜欢在全班同学面前激情澎湃地朗诵自己的诗作：“我追随着风，直到海的尽头，山的断崖。风，我们一起飞舞吧，就这样一直飞舞！看大地在微笑，天空在微笑，大海在微笑。啊！万物都在微笑……”每次朗诵，他都双眼微闭，手臂挥动，做陶醉状，可是招来的却是同学们的哄笑。

有一次他把一篇“诗作”递到我手上，双眸中饱含期待。“人生虽然不是个个风风火火，但是对每个人而言，都是一段传奇……”念着这“少年聊发老夫狂”的句子，我不知从哪儿改起。

第二天的晨读课上，我拿出几篇刚从儿童文学期刊上复印的诗歌，

① 作者是江苏省海门市实验学校教师吴勇。

郑重其事地说："这几首诗写得很精彩，就请我们班的'小诗人'小何读一读吧，掌声有请！"小何得意地走上讲台，全班同学都向他投去了羡慕的目光。一整天，小何的眼睛都亮晶晶的。傍晚，我对他说："早晨你把那几首诗都读活了！如果你把这份情感写进自己的诗中，一定很精彩，要不要试一试？"小何充满信心地点点头。

第二天一早，新的诗稿又出现在我的办公桌上，轻轻一读，一缕清新扑面而来："晨风里飘来了霞光/夹带着鸟儿的问候/将我的一天唤醒/和早起的太阳做个拥抱/给勤快的鸟儿露一个笑脸/一天的快乐从这里开始了……"

我再一次让小何在班上朗诵诗作，不过这一次是他自己的。他读得很动情，全班响起了热烈的掌声。之后，小何的"诗"也越写越像诗了，有些还在报刊上发表，成了一个真正的校园小诗人。

苏霍姆林斯基说："对待孩子的心灵，就像对待荷叶上的露珠，要小心翼翼。"作为教师，全部的引导就是轻轻地将童心安放在温润、静谧、恬美的土壤中，耐心地等待梦想的种子悄然生根、发芽、抽叶、开花。

在教育教学中，经常还会看到许多被我们认为迟钝之人并不迟钝的例子：一些以低分被录取的学生，在毕业后，能力与成就往往和那些一开始分数比他们高的同学不相伯仲。原来，据研究发现，分数到了一定程度后就失去了预测未来成就的意义。比如得分低于 80 分的人也许和达到 80 分的人有质的区别。但是，80 分以上的人却大多能力相仿。这样一来，10 名 80 分的学生在毕业后的能力和成功几率，其实和 10 名 95 分的学生是一样的。这也就是美国许多大学采取"宽进严出"的原因，他们认为只要学生的分数达到一定标准，招一名 80 分的学生还是招一名 100 分的学生，其实并没有太大的区别。

这个研究结果给教师的启示是，我们千万不能因为学生的一时迟钝而认定他永远愚钝。学生有时候的愚钝是因为教师不给他们奋发图强的锻炼机会，所以，在教学中，聪明的教师会让自己装得比较愚钝，说一些并不严谨或并不正确的话，例如故意问学生“小数是不是比较小的数?”“比例尺是不是一把尺?”“假分数是假的分数吗?”等一些模棱两可或似是而非的问题，留一点缺陷让学生去辩论。

孩子有孩子的世界，有时孩子的情感和语言我们未必能懂，他们的言行有时常常被我们错误地认为是一种愚钝。其实学生的所思所想并没有我们成人那样严密，他们的想法常常会存在着种种“缺陷”，然而这种“缺陷”并不会妨碍他们健康地成长。

【案例】一首被看好的烂歌

美国加利福尼亚州奥兰治县的一位小女孩阿冈贝卡·布莱克深爱音乐，2011年初，刚满13岁的她又给自己写了一首名为《星期五》的歌：“一名少女，周五早晨，7点起床，准备下楼，拿碗、拿碗，喝粥、喝粥……昨天是星期四，今天是星期五……明天是星期六，后天就是星期日……”结果美国《时代》杂志形容这是一首“烂出全新水平”的歌。

然而，没有想到的是，这首歌曲的视频从传到一家热门视频网站后，平淡而真实的歌词和轻松流畅的节奏，吸引了无数以学生为主的年轻人。他们在这首歌里找到了无限的共鸣和同感，短短半个月点击率突破了2000万次，挤进了劲歌排行榜前列。

美国《太阳报》这样评论道：有些所谓的权威其实本身就是个最为荒谬的东西，当他们在嘲笑某些东西的时候，从来不会想到，或许真正应该被人笑话的正是他们自己！但愿教师不是这样嘲笑学生的权威。

诚然，对于一些确实存在智力缺陷或者生理缺陷的学生，教师不能嘲笑他们的迟钝，而是应该竭尽全力帮助他们慢慢抵达人生的理想。

【案例】一个不被看好的强人

拜伦·皮茨从小就是个笨孩子。10岁时，几乎不能辨识课本上的字，这在教育学上叫做“功能性文盲”。可是，他是个要强的孩子。在母亲的鼓励下，他借助一种特殊的学习用具，用超越常人10倍的努力，完成了从小学到高中的学业，考入了梦寐以求的俄亥俄州威斯利亚大学。

可是接下来的大学时光，考试不及格和严重的口吃，让拜伦多次产生放弃学业的念头。老师给了拜伦无私的帮助：雷曼教授每周花 4 个小时，帮助拜伦阅读和写作，并且告诉他，一个人永远不要低估自己的能力；艾迪教授帮助他矫正口吃，教会他将一支圆珠笔含在口中练习说话，给他提供实习主持人的机会。

毕业后，被称为“笨驴”的拜伦·皮茨，从地方媒体开始干起，一步一个脚印，终于成为美国哥伦比亚广播公司《新闻 60 分》节目的主持人。在一系列重大事件的报道中，他成绩斐然，赢得广泛赞誉：6 次获得地区艾美奖，4 次获得全美联合新闻奖，还夺得全美黑人新闻工作者协会优秀奖。

拜伦抵达目标的速度，不像别人那样坐着飞快的汽车飞奔而去，他是坐着童话中的小马车，方向明确，目标坚定，不畏艰难，百倍努力，慢慢抵达，教师应该为他的前进保驾护航。

综上所述，在教学中，教师不一定要“对答如流”，有时不说，反而能够让学生说出更多的想法，如果要说，有时说一些模糊的有缺口的话，反而可以给学生发挥的空间，有时说一些糊涂的话，反而可以给学生表现的时机。在教学中，教师也要允许学生达不到“对答如流”，给学生更多的时间和更多的舞台慢慢谱写属于自己的学习篇章。

原解

东汉·班固《汉书·萧望之传赞》："萧望之历位将相，籍师傅之恩，可谓亲昵亡间。及至谋泄隙开，谗邪构之，卒为便嬖宦竖所图，哀哉！"

"亲密无间"，形容关系十分密切，没有丝毫隔阂。

辩解

15 "亲密"不一定"无间"
——合适的距离可以产生教学之美

许多人认为，我们的教育是在不断地缩短和消除教育与生活、教师与学生、形式与内容等之间的距离，以能加快教育的生活化、民主化、精细化过程。然而，近距离甚至零距离，并非是教育教学的最佳状态。

距离，是客观存在的，包括物理距离和心理距离。俗话说，距离产生美感。在生活中如此，在教育中更是如此。教育中的距离包括制度、知识、教师、学生这几者之间错综复杂的"人物"关系。

如今，在新课程教育中，倡导教师与学生的平等，许多教师就把它理解成了教师要与学生"零距离"接触；在新课程教学中，倡导知识与学生的贴近，许多教师就把它理解成了知识要与生活"零距离"还原；在新课程教学中，倡导学科与学科的综合，许多教师就把它理解成了学科要与学科"零距离"打通……

然而，许多的"零距离"，让教育没有了距离感，事情也就没有了神秘感；没有了神秘感，学生也就没有了好奇心；没有了好奇心，兴趣也就没有了激发力；许多的"零距离"，让教育没有了距离感，事情也就没有了区分度；没有了区分度，学生也就没有了方向感；没有了方向感，目标也就没有了清晰度。

教师与学生的最佳状态——"若即若离"

曾经在杂志上看到这样一篇文章——

有一天，有一位教授问他的学生："为什么人生气时说话要喊？"

所有的学生都想了很久，其中有一个学生说："因为我们丧失了'冷静'，所以我们会喊。"

教授又问："但是为什么别人在你旁边时，你还是要喊，难道就不能小声地说吗？"

几乎所有的学生都七嘴八舌地说了一堆，但是没有一个答案是让教授满意的。

最后教授解释说："当两个人在生气的时候，心的距离是很远的，而为了掩盖当中的距离使对方能够听见，于是必须要喊起来，但是在喊的同时人会更生气，更生气距离就更远，距离更远就又要喊声更大……"教授接着说："当两个人在相恋时会怎样呢，情况刚好相反，说话都是轻声细语，因为他们的心很近，心与心之间几乎没有距离，所以相恋中的两个人通常是耳语式的说话，心中的爱因而更深，到后来根本不需要言语，只用眼神就可以传情，而那时心与心之间早已经没有所谓的距离了……"

由此可见，人与人之间关系亲密，并非简单地表现为人与人之间的近距离接触，而表现为彼此的心的距离。另外，心灵距离近也并非表现为空间距离近，并不是说空间距离近了就一定表示心灵距离近了，相反，有时恰恰空间距离不近却让心灵距离更近，这也就是我们常说的“距离产生美”。

在说教育的“距离”话题前，我们不妨先来看看爱情的距离，或许可以给我们一些启发。曾经有人认为爱情应该有一点距离，有距离的爱情才能走得更远。他是这样描述爱情的——

在路途上想起爱情来，觉得最好的爱情是两个人彼此做个伴。

不要束缚，不要缠绕，不要占有，不要渴望从对方的身上挖掘到意义，那是注定要落空的。而应该是，我们两个人，并排站在一起，看看这个落寞的人间。

有两个独立的房间，各自在房间里工作。

不干涉对方的任何自由，哪怕他还在和旧的女友联络。

不对彼此表白，表白是变相的索取，很平淡，很熟悉，好像他的气味就是你自己身上的气味。

不管在何时何地，都要留给彼此距离，随时可以离开。想安静时，即使他在身边，也像是自己一个人。

……

我们经常在各种教育场合听到这样的训导，教师应该与学生消除距离，做学生的“小朋友”，与学生一起“同学”。其实，我们的教育应该给学生一定的距离感，这样教育才有可能产生一定的距离美。我们的教师尽管与学生交朋友，但教师毕竟是教师，理应让学生尊敬。但这种尊敬不是一种“敬畏”的恐惧，而应是一种“敬爱”的喜悦。

那么在教育中，教师与学生之间应该有着怎样的“爱情”距离？是否也应该相互“缠绕”，不留一点空隙？也就是说，是不是教师与学生走得越近心就贴得越近？是不是教师与学生“打”成一片就代表师生之间的真正平等相处？

【案例】“打”成一片的烦恼

王某刚走上工作岗位，和学生打成一片，实施零距离接触学生。教学中他把欢声笑语引入课堂；课后他和学生一起讨论，一起打球，一起就餐。学生开始有些拘谨，天长日久，学生和他日渐亲密，师生

之间的距离一天天地缩小。

于是这位王老师在学生心目中就是朝夕相处的哥哥的形象！学生便不称呼他“老师”，而喊他“王哥”。他的话渐渐不灵验了，失去了号召力。上课前，教室里传出阵阵吵闹声：“现在上什么课?”“王哥上课。”“王哥的课真有劲。”“王哥来了，我要睡觉了。”“王哥布置的作业可以不做好。他好商量!”“王哥是我的好友，不用怕他的。”他听到后一阵尴尬，想发火又发不出来，即使板着面孔，学生也照样嘻嘻哈哈。于是王某上课时，学生我行我素；布置作业时，学生哇哇喊叫；批评教育时，学生丝毫不在乎……期末考试，他任教班级的学科成绩，平均分比平行班低十几分。这位王老师彻底傻眼了。

与学生保持多大的距离才适当呢？一位政治家这样说：“欲受尊重，就要让别人感受到你与他们之间的距离。”这对于教师与学生之间如何相处未尝没有借鉴意义。

教师与学生之间的关系是非常微妙的，过远则有生疏之感，过近则生戏谑之忧。有一个科学实验：两根室外燃烧的木柴，当相距很远时，时隔不久就熄灭了；当相距太近合并为一体时，时隔不久也熄灭了；只有当两者相距有度，间隙不远也不近时，两根木柴才相互辉映，直至全部化为灰烬。这样一种自然现象，科学家称之为“温热有隙效应”。

人与人的交往也有一个“温热有隙效应”。说到某两个人的关系非常融洽时，人们常会用“亲密无间”来形容。现实生活中，“亲密无间”的关系也许存在，然而生活却经常是复杂的、微妙的，亲密到“无间”的程度，结果多半会破坏亲密。这用两只刺猬之间的“有隙”相处来比喻似乎更加形象。

人与人之间的交往，就像“有隙”才能使两根木柴更好地燃烧一样，“有度”才能保持人与人之间正常良好的关系和心理的和谐融洽。因为人既有社会的共融性，又有个体的独立性、私密性。人的这一特点，一方面要求在人与人交往中提倡团结友爱，另一方面又要求人们要互相尊重，给予彼此一定的独立空间。这就像物质中处于平衡状态的原子之间需要存在一个平衡距离一样，两个原子一旦小于这个平衡距离，就会产生质的变化，引发化学反应。

由此看来，教师与学生之间也应该“有隙”且“有度”，其间的距离需要因“时”、因“人”、因“地”、因“情”而不断变化，其距离难以也无法让人度量，用“若即若离”这四个字来形容可能比较恰当。

“若即若离”是什么意思呢？这好比两个年轻人谈恋爱。据科学研究表明，如果一个女孩子很容易被男孩子追到手，那么他们以后婚姻的稳定性要比一个女孩子让男孩子不太容易追到手的婚姻要差。也就是说，在谈恋爱过程中，当男孩子感觉快要把女孩子拿下时，女孩子不妨故意疏远他，让他感觉事情并不那么容易和简单。之后，当男孩子灰心丧气甚至想放弃追求时，女孩子又及时给他希望的信息，例如发个约会的短信，从而再次点燃男孩子的热情。经过这样“若即若离”的折磨和打磨的爱情才会更加美丽、才能被更加珍惜。当然，婚后同样应该像本文开头所写的那样夫妻双方彼此保持一定距离，从而减少不必要的生活摩擦和情感矛盾。

教师应运用人格与智慧的力量去赢得孩子们的尊重，扩大自己的“非管理影响力”。对不同的学生保持着多远的距离，这是教师教育智慧的表现。

一是教师应善于因“时”调节自己与学生之间的距离。

初时，教师应该创造机会缩小与学生之间的距离，让学生能够接近你、亲近你，但一旦发现学生开始把你“不当一回事”时，你就应该拉大与学生之间的距离，让学生依然能感觉到你的尊严，但不是威严。

二是教师应善于因“人”调节自己与学生之间的距离。

对自卑感较重的学生，教师要与他们保持较近的距离，从而唤醒他们向上的动力；而对性格泼辣，有“侵略”倾向或行为的学生，要与他们保持相对远的距离，不然他们会给教师制造很多麻烦，影响班级形成积极的舆论氛围以及教师的权威。

三是教师应善于因“地”调节自己与学生之间的距离。

在课外，教师与学生在一起游戏娱乐，这是一种朋友般的关系；而在课堂上则应保持一定的距离，这也是维持正常教学秩序的需要。所以，教师应该让学生明白，课上与课外自己身份的区别：课外教师与学生是“朋友”，课上教师与学生是“同学”，身份不同，规则也应不同。

四是教师应善于因“情”调节自己与学生之间的距离。

对学困生取得的一点微小的进步，我们应该由衷地赞美，与他们“心贴心”；而当学生犯了严重的错误时，我们也要表情严肃，拉远距离，与他们“背对背”，让他们知道问题的严重性，唤醒其自责的意识。

学生与知识的最佳状态——“若近若远”

学生对知识的认识状态不外乎有三种：不懂、似懂非懂、全懂。毫无疑问，如果学生处于已经“全懂”的状态，知识与学生之间的“距离”太近，那教学就会失去吸引学生学习的魅力；如果学生处于“不懂”的状态，知识与学生之间的“距离”太远，那也有可能使学生会望而生畏丧失主动学习的兴趣。

学习的最佳状态是学生处于一种“似懂非懂”的模糊或迷糊的“愤悱”状态，先由“似懂”的心向引导学生去接触知识，进而由“非懂”的心向引导学生去探究知识。“似懂非懂”的教学往往倡导从学生熟悉的生活来导入知识教学，给学生创设一种“似懂”的教学情境，然后在熟悉的教学情境中发现“非懂”的知识问题，从而在良好的学习心向的驱动下真正深入知识的内核。

不过，教师创造的知识情境应该追求让学生有一种“似曾相识”

的不远不近的心距，而不是一种“完全陌生”的冷漠，也不是一种“完全熟悉”的麻木，因为“熟悉的地方没有风景”，这样的知识情境就是一种问题情境。问题情境的最大功能就是让学生有疑问，我们应让教学总有一块“疑云”，让学生能有一颗“疑心”。

一是换一种道具装饰知识。

我们似乎经常听说这样的说法：学生越熟悉的东西，就越有兴趣。所以我们在教学时，常常把陌生的知识下放到学生熟悉的背景下，例如学科知识的生活化，这似乎成为教学中的一条定律。

其实，人们对越熟悉的东西未必越有兴趣，因为对它已经很了解了，它已经没有什么秘密可以吸引人们去关注它、探究它了。所以，“似曾相识”这种不十分陌生也不十分熟悉的“不远不近”的认识状态最容易引发人们的注意。

对此，教师在创设教学情境的时候，首先应该选择那种最有吸引力的教学情境，让学生产生学习的最大动力。例如，首先我们的教学情境创设不要前天是“购书”情境、昨天是“分书”情境、今天是“借书”情境、明天又是“还书”情境，让学生患上“读书”恐惧症；其次，对于一些熟悉的“风景”，教师也可以使之陌生化，以此吸引学生的眼球。

【案例】一次特殊的考试

一位教师让学生经历了一次非常特殊的考试，要求是：第一，细心；第二，按要求做；第三，考试时间是5分钟。考试时间到后，教师当堂翻阅试卷，发现全班只有一个同学按要求完成考试，其他同学都没有按要求完成。

原来试题内容是：1. 写出你最喜欢的两首古诗题目和作者。2. 默写一首诗，不写题目和作者。（3～9题略）10. 读完以上各题，只做1、2两题。此时全班哄堂大笑，原来大家都没有看最后一题就做了。

上述案例中，教师在学生熟悉的考试形式上挖了一个“陷阱”，让考试有了一种陌生的色彩，让学生在“吃一堑”中“长一智”，领悟到了全面审题的重要性。

“陌生化”这一原理是由俄国形式主义理论家什克洛夫斯基在《作为技巧的艺术》中最先提出来的。“陌生化”正是一种重新唤起人们对周围世界的兴趣，不断更新人对世界感受的方法。它要求人们摆脱感受上的惯常化，突破人的实用目的，超越个人的种种利害关系和偏见的限制，带着惊奇的眼光和诗意的感觉去看待事物。

“陌生的熟悉”，我们不是要把学生本已近的学习焦距硬生生地拉回原点，而是通过角度变换、材料充实等手段拉远学生的视线，让学生能够登高远望，看到原来所没有看到的“陌生”东西，从而激荡起原已由“熟悉的地方没有风景”而平静的思潮，能够再次有激情地真正走进知识的深处。

【案例】三句陌生话的力量

有位老师教《长城》一课，一开始让孩子们听《长城长》这首歌，然后让他们谈感受。在此基础上出示三句话：(1) 只有一个伟大的民族才能建成这样伟大的长城！(2) 这是世界上最伟大的工程，在别的地方我从未见过类似的杰作！(3) 设计者太伟大了，长城太伟大了！

然后教师让学生猜猜这些话分别是谁写的，学生当然猜不着。于是老师告诉他们这三个人分别是叶利钦、尼克松和拉宾。听了老师的介绍，学生感到很惊讶，此刻，他们产生了强烈的阅读期待：为什么长城在这些政治家心目中地位那么高？长城究竟伟大在哪里呢？这样，阅读期待、欲望产生了，学生就能很自觉地投入与文本对话中去。

入芝兰之室，久而不闻其香。司空见惯的东西不能给人以新鲜感。现代哲学认为，阻碍我们前进的，往往不是未知的东西，而是已知的东西，因为已知的东西一旦变成习惯，前进就步履维艰了。在教学中，我们会发现，学生预习课文比精读课文更有兴趣，对课外阅读比上语文课有兴趣。文艺心理学告诉我们，凡是熟悉的、认识了的事物，人们就不再注意它了，否则人的心理就会被弄得精疲力竭，穷于应付，只有那些新鲜的尚未认识到的事物才能引起人们的兴趣。许多学生在学期初一拿到课本就会一睹为快。面对学生对课本如此程度的熟悉，教师在正式上课时，唯有通过改变教学形式让学生有所熟悉的内容再次陌生化，才能再次吸引学生的学习兴趣。

“陌生化”之陌生，是对认知上先入为主、人云亦云的思维定式的陌生，是对感知上浮光掠影、见多不怪的惯性心理的陌生。陌生化就是要打破这种“前结构”和“前思想”，给人以“柳暗花明又一村”的惊喜。陌生化，就是把与人太切近的事物或现象从身边推开，以造成似曾相识的生疏感，使学习变得生动鲜活。

二是换一条道路装载知识。

《基础教育课程改革纲要（草案）》提出了六个具体目标，其中一个就是优化课程结构：“改变过于强调学科本位、门类过多、缺乏整合的现状。要优化课程结构，调整课程门类，加强综合性课程，增强课程的适应性、综合性和融合性。”寻求不同分科课程内容之间所具有的逻辑上和价值上的相关性，从其他学科中挖掘可以利用的资源来进行教学，也是让知识陌生化的一条通道。

例如，让学生深刻理解知识、理清解题思路，是数学教师的不懈追求。教师在讲解时，一般只会局限于本学科的知识，就事论事，以理说理，然而有时这种抽象的说理一时难以让学生理解。此时，教师不妨换一种讲解思路，可以通过生动有趣的故事先将知识渗透给学生，巧妙嫁接，使学生在没有正式学习之前，已经对解题思路的内核有感性认识，拿到开启思维的金钥匙。

【案例】语文文章讲数学题

师：今天，我给大家讲《三国演义》中的一个故事《草船借箭》。

学生听得津津有味，教师话锋一转，问：“为了得到10万支箭，周瑜和孔明在思路上有什么不同？”

生：我觉得周瑜的思路是“造”，孔明的思路是“借”。

师：对。遇到问题，不要总是跟着别人的思路跑，要独立思考变更思路，这就是《草船借箭》给我们的启示。你能用变更思路的方法解决下题吗？

小组讨论：甲、乙两人同时从A地去相距90千米的B地，甲的速度是乙的3倍，甲比乙早到3小时。甲、乙两人的速度各是多少？

上述案例中，这道数学习题的三个条件没有明显的关系，然而，对其中“甲的速度是乙的3倍”这个条件，可以换一个角度来理解。也就是说，这句话可以理解为：在相同的时间里，甲行走的路程是乙行走路程的3倍。变更思路后，这道题的难点就能化解。

教师在介绍这种解题思路时，没有直接切入，而是故意绕道而行，借用语文中的《草船借箭》故事，把孔明变造箭为借箭这一转化思想渗透给学生，再介绍解题思路，就易如反掌了。此中，虽然《草船借箭》对学生而言是熟悉的课文，但在数学课中使用学生却是陌生的，所以感到新奇。另外，从操作上看，教师似乎拉大了进入知识的空间距离，但实质上却拉近了学生进入知识的心理距离。

除了不同学科的知识相互支援之外，不同学科的教师也可以相互支教，尽管教学内容学生可能是熟悉的，但教学形式却会让学生感到陌生，这同样会产生陌生化效果。

【案例】语文教师上数学课

一位语文老师执教数学“认识几分之几”一课：同学们，让我们静静地观察“$\frac{1}{3}$”这个分数，你会发现怎样的美？

这样的问题在语文课上比较常见，但在数学课堂上，我还是第一次听到。学生们在思考，教师看似随意地用手指着“子”“母”“线”等关键字眼，有些学生豁然开朗：“这多像一个儿子站在妈妈的肩头呀。”“妈妈用她那瘦弱的肩膀高高托起自己的儿子。”“多么动人的亲情呀。”

教师饱含激情地讲道：“孩子们，一个普通的分数，包含着人世间伟大的亲情。数理与人世间的道理是如此相通。”

真的，当分数所蕴含的内在美被学生发现后，一种亲切、崇敬之情在大家脑海中油然而生，一股暖流荡漾在学生的心头，久久挥散不去。

"不识庐山真面目，只缘身在此山中。"这是一位语文老师眼里的数学之新、数学之美，这就是数学课的"生命性"！当数学课摆脱单调枯燥、机械冷漠的外表，而以这样鲜活动人的情感浸润孩子们生命的时候，它在孩子们心中也一定会种下热爱的种子。数学课程的"生命性"与语文课程的"人文性"竟然结合得如此完美，此时此刻，虽然绕了一下路，物理距离远了，但伦理距离近了，学生得到了心灵上的震撼和认识上的升华。

更有甚者，我们还可以把有联系的几科内容调在同一周或同一天，由几个不同的任课教师在不同的课堂上分头教学，或几个任课教师同台分工教学，这样"大家唱"和"大联欢"的陌生教学形式，带给学生的不仅是一次心灵震撼，也是一次知识盛宴。

【案例】多科教师上数学课

经过我和语文、科学老师的多次商量，我们准备联手上一次数学综合实践活动课"大树有多高"。先由科学老师上一堂渗透科学探究方法"猜想——验证"的课，教学内容是"水里能溶解多少盐"，再由我上"大树有多高"室外测量实践活动课，最后由语文老师上活动日记指导课。

综上所述，教师与学生、学生与知识并非"无间"就一定"亲密"，有时亲密"有间"反而会产生距离美。教育教学的"距离"多大比较合适，这需要视实际情况而定，它应能像照相机那样灵活变焦——能伸能缩，以能把学生的心像调节得有情趣、有情理、有情思为佳。

原 解

《孔子家语·六本》："良药苦于口而利于病，忠言逆于耳而利于行。"

"良药苦口"，意为好药往往味苦难吃。比喻衷心的劝告、尖锐的批评，听起来觉得不舒服，但对改正缺点、错误很有好处。

辩 解

16 "良药"不一定"苦口"——温暖人心是教育教学的良方

文明可以说是端正思想的"良"心，知识可以说是消除愚昧的良"药"。我们都知道，教育是传送文明的纽带，教学是传播知识的阵地。良好的教育和教学的主色调应该充满阳光，教育张扬的是正义，教学宣扬的是真理。

这些积极的东西，带给学生的应该是一种温暖的精神境界，带给学生的应该是一种温暖的学习氛围。这样，学生才会舒心地接受教师的思想教育，才会舒服地接受教师的知识教学。这样，学生的学习才不会感到痛苦，而只会感到痛快。

良"知"可以不枯燥

在生活中，许多好药并不为人知晓，需要通过广告进行宣传。然而，广告也需要艺术，那种低俗的广告反而会招人嫌。曾经在《扬子晚报》上看到作者钱红春写的一篇题为《东京的广告不讨人嫌》的文章——

东京常有不少人向过往行人散发各种广告，所不同的是，广告中常会夹杂一些小玩意，有糖果、饼干、纸巾等。

我在一处有遮阳伞广场的桌子边歇脚，一位年轻的小伙给我一张宣传最佳室温的公益广告：在美女头像下，有一支用热敏材料制成的温度计，并告诉人们冬天与夏天的室内最佳温度分别是20℃和28℃。我将这张广告纸从东京带回了上海，粘贴在沙发前的茶几玻璃上，当天冷或天热开启空调前，我都会看看这张广告纸上显示的室温。都好几年了，这张广告纸我依然留着。

赋予广告以实用的价值，它会有更长久的生命力。在教育中，知识教学也需要做好广告，许多好的知识需要教师能够向学生宣传和推介，因为好的知识往往具有高度概括性和凝练性，常常枯燥乏味，再加上知识的层出不穷，学生会感到知识味苦难吃，感到学习是一件痛苦的事情。教师苦口婆心地讲解，学生死记硬背地学习，难以感到知识的甜蜜和情趣。所以，让原本单调的教学变得有味和有用，可以说是让知识不"苦口"的一种广告艺术。

一是让枯燥的知识拥有甜味。

犹太人从小培养孩子要求知好学、崇尚智慧。《塔木德》有一句格言："一个人一旦拥有知识，那他还能缺什么呢?""知识是最有价值的货物。"典型的犹太人家庭都有一个风俗就是，在孩子识字始，把蜂蜜滴在《圣经》上，让他们尝到知识的"甜蜜"。后来这成为犹太小学生入学的第一课。孩子们一边朗读，一边舔掉蜂蜜，一开始就感受到学习知识的"甜蜜"，激发了求知好学的兴趣。

在课堂教学中，我们也可以让学生的知识学习变得"甜蜜"，常见的做法是将知识用"甜蜜"的东西包裹，然后再将其传送给学生，让学生感受到教师暖暖的心意。

【案例】圣女果的魅力①

教学“认识几个几”时，我提着一袋子美味的圣女果走进了教室：“酸酸甜甜很好吃的圣女果，想吃吗?”“想。”孩子们大声地喊着。

提出问题：3个小朋友，每人发2个圣女果，一共有多少个圣女果呢？你是怎样算的？

生：一共有6个果子，只要用2+2+2=6就可以了。

师：是几个几相加呢？

生：是3个2相加。

继续引导：如果有4个小朋友，每人2个圣女果，一共有多少个呢？加法算式怎样写呢？是几个几相加呢？如果有5个小朋友，8个小朋友，10个、20个呢？

逐步引导学生理解几个小朋友就是几个2相加，让学生感受到小朋友的人数越多，加法算式越长，写起来越麻烦，这个时候告诉小朋友，可以用乘法算式来表示，例如，20个2相加时，只要用20×2就可以了。

……

课近尾声，我笑着问孩子们：“今天老师教的新知识你学得怎么样？认为自己表现棒的小朋友请站起来。”结果全班小朋友都站了起来。

“奖励表现棒的小朋友每人2颗圣女果，我们全班45个同学一共会得到多少圣女果，你会怎样列式?”学生列出乘法算式45×2。课后，看着学生开心地吃着果子，一种成就与幸福感涌上心头。

对小孩子来说，吃是一件甜蜜的事情。吃老师的东西更是一件幸福的事情，孩子们渴望得到它，并不仅仅是想吃到它，也是渴望得到教师肯定的一种表现，是他们获得成功、增加自信的一种证明。当然，对教师而言，醉翁之意不在酒，其用意并不是学生吃进了多少果子，

① 作者是江苏省无锡市东湖塘中心小学教师邹襄君。

而是学生吃进了多少知识的果子。

【案例】库珀教授的数学课

一天，美国斯坦福大学商学院的数学教授库珀让学生把自己的生日写在小纸片上，然后把所有的小纸片都折起来放在讲台上。他拿出一张5美元的钞票，问：“我用5美元打赌，你们中至少有两个人同月同日生。有人敢跟我赌吗?”

“我赌!”5个男同学举起手。另外七八个同学也各掏出5美元扔在桌子上。

有的同学在想：一年365天，我们班只有50个同学，同一天生日的可能性也太小了，库珀这不是白送钱吗?

库珀教授打开第一张纸，读出上面的生日，马上就有3个同学举手。打赌的同学嘟囔了几句：“怎么会这么巧?”周围的同学都大笑起来。

接着，库珀用他那明晰的语言把同学们带入了数学的王国：“解决这个问题最好用反证法，即先证明50个人中没有两个人同一天生日的概率非常小。”我们可以把365天看成365个房间，现在要给50个人按照生日安排住房，必须保证没有两个人住在同一间房（也就是没有两个人同一天生日）。对于第一个人来说，他选择房间的概率是365除以365，也就是1。第一个人住进去后，第二个人选择的概率就是364除以365了。第三个人，选择的概率是363除以365。“按照这种算法，只有当每一个人住的房间都不同时，才能满足没有两个人同住一间房的要求。由于若干个独立事件的乘积的概率等于每个独立事件概率的乘积，我们可以得到下式：$\frac{365}{365}\times\frac{364}{365}\times\cdots\cdots\times\frac{(365-50+1)}{365}$”。

“用计算器算出这个式子等于0.03，也就是说，表示你们50个人中没有两个人同一天生日的概率只有3%，那么至少有两个人同一天生日的概率就是97%。我赢的把握足足有九成以上。”说完，库珀扔下粉笔，得意洋洋地收缴他的战利品——十多张5美元的钞票，“各位，你们来商学院就是为了将来能够赚大钱，数学就是商学院传授给你们的一个制胜法宝。”

同学们哈哈大笑，这堂课的效果好极了。库珀教授下课后，用赢来的钱请全班同学吃了顿快餐。

上述案例中，概率是很抽象很枯燥的知识，学生普遍缺乏学习的兴趣，库珀教授正是预先认识到了这一点，积极采用给知识涂抹上“甜蜜”的做法，课前通过打赌激发学生的好奇心和好胜心，最终实现了“双赢”——教师赢得资金而学生赢得知识。课后教师用赢来的钱请学生吃了顿快餐，可以想象的是，课中的教学必定是一种让学生快速掌握的知识“快餐”，课后的快餐必定是一种让学生感到快乐的用餐。

二是让枯燥的知识拥有趣味。

曾经在杂志上看到一篇题为《找准你的卖点》的文章——

单位对面有个小店，每天滚动播出的广告是：“老板娘跑了，老板娘跑了，老板无心经营，清仓大处理。”持续一个月以后换为：“老板娘回来了，老板娘回来了，老板庆祝，打折大酬宾。”下一个月是：“老板娘又跑了，老板娘又跑了……”其营销的中心思想是：老板娘。他卖的是“趣味”。

两个西瓜，一个有藤蔓且带叶，一个无藤蔓，你买哪个？大多数人会答：“有藤的。”两种表现形式的知识，一种是有意义的知识，一种是不仅有意义且有意思的知识，你爱哪个？大多学生会答：“有意思的。”

什么是有意思的知识？例如，在向学生解释“传播是什么”的时候，不仅仅只是照搬词典上的抽象意义，而是还能够通过“追女孩”的打比方来形象地说明其中的深刻道理：（1）了解她的兴趣爱好是“市场调研”；（2）取悦她的闺蜜是做“媒体关系”；（3）闺蜜向她夸你好是“公关”；（4）你直接向她表白是“广告”；（5）策划一次英雄救美是“事件营销”；（6）你在微博上求转发求婚是“新媒体营销”；（7）她生气了你道歉是“危机公关”。这样的知识讲解就显得通俗易懂、生动有趣，学生不仅会很快明白它的意思，而且会觉得它很有意思，学起来不会感到“苦口”。

【案例】知识中的“辈分”

在教学“认识毫米”时，为让孩子们乐于学习，我课上做了这样一种“广告”——

师：同学们，我们知道这位同学叫邓××，是位男生。请邓××告诉大家他爸爸叫什么名字？

邓××：我的爸爸叫邓××。

师：你爸爸的爸爸叫什么名字？

邓××：我的爷爷叫邓××。

师：同学们，从简短的采访中，我们发现他们三代人有一个共同点——

生：邓××管他爸爸叫爸爸，他爸爸又称他爷爷为爸爸。

生：他爷爷叫他爸爸儿子，他爸爸又叫他儿子。

师：对，不能乱叫，这里有顺序，有辈分。还有没有？

生：他们三代人都姓邓。

生：他们都是男的。

师：同学们请看黑板，在长度单位里也有规律。这是米的家族，家族中所有的成员都姓“米”。如果我们把这个“厘米”看作邓××小朋友，那“厘米”的爸爸是“分米”，“厘米”的爷爷是“米”。假如“厘米”也有儿子，那么也应该带有一个“米”字。同学们，它的长度就如小米粒的直径，所以我们给它起个什么名字？

生：毫米。

该学生在黑板上的板书，“米”字写得最大，“分米”“厘米”依次减少，“毫米”小如一元钱硬币的面那么大。

在注意力经济的环境下，注意就是财富，引发注意就是成功，而引发注意的唯一条件就是差异。形成差异引发注意，就是用智慧想出差异，以给后面的行动描绘正确蓝图；就是用智慧的方法实现差异，以期不沦为空中楼阁；就是用高超的手段保持差异，以实现持续经营。

在教学中，教师要引发学生对知识的注意，就要使教学有别于平常教学，如上述案例中教师一反常态地用“辈分”趣讲知识，让学生感到耳目一新。

市场营销中有句著名的话：顾客不是要买钻头，顾客要买的是洞。在教学中，很多教师不了解同样的知识营销手段：学生要买的其实不是某个知识产品，而是他们需要运用一种知识来完成某个任务或解决某个问题。什么是真知识？标准有三：一是有足够的“知”，主要就是记在脑中的东西；二是有深入的“识”，由牢记上升为理解；三是由知、识转化为用，即实践技能。所以，教师也需要能够最终在知识的“用”上找准知识的卖点，引来学生对知识的注目。

【案例】知识中的“破案”

在教学“年、月、日”时，我创设了“警察与盗窃”的问题情境——

师：最近派出所抓住了3个盗窃嫌疑人，警察对他们进行了审问。甲嫌疑人说：“2006年2月28日到3月1日这4天去了广州。”乙嫌疑人说：“那天晚上我在家看电视，电视的内容说2008年夏季奥运会在北京举行。”丙嫌疑人说：“我出生在1982年9月31日。”

师：请你帮助警察，从他们说的话中，判断出谁在说谎。

生：甲说谎，2006年2月28日到3月1日总共才2天，不是4天。

生：丙也说谎，9月份没有31日。

生：乙说得是真的，2008年奥运会是在中国北京举行。

上述案例中，教师将3道简单的知识判断题与警察审案联系起来，使问题具有趣味性，让学生领略了知识的实用价值，也让知识练习不再枯燥乏味。

良“言”可以不逆耳

现在有一种说法叫乌鸦嘴教育，是指用消极的心理暗示对孩子的表现进行否定，比如常常埋怨孩子不如别人家的孩子聪明，脑子笨等。一张张不负责任的乌鸦嘴，在不经意间影响了孩子们健康成长的轨迹，甚至使孩子和父母、老师的教育初衷背道而驰。

身为孩子的父母和老师，乌鸦嘴教育的本意是好的，大多表现了恨铁不成钢的焦虑情绪。我们常说，忠言逆耳。其实，忠言的逆耳是逆在忠言的不动听上，忠言的不动听常常让人感到不中听。所以，忠言不仅仅在于语义的正确，还应该注意语气的温暖，这样的忠言才会成为一种让人乐于接受的良言。在教育中，学生的心理承受能力比成人更脆弱，所以，教师不应该总是硬邦邦地忠告学生甚者警告学生，而应该注意柔情万种，讲一种不逆耳的良言。

一是让逆耳的忠言变得滋润。

法国作家拉封丹写过一则寓言，讲的是北风和南风比威力，看谁能把行人身上的大衣脱掉。北风大发威力，寒气逼人，结果行人把大衣裹得更紧；南风徐徐吹拂，春暖花开，行人脱下大衣。该效应告诉我们：外界的要求只有化作自身的动力时，才能取得教育的最佳效果。教师教育学生要讲究方法，如果只是一味地与学生高谈阔论，只会使学生产生心理腻烦甚至心理逆反，结果导致学生的“大衣裹得更紧”。而采用和风细雨“南风”式的循循善诱，往往会轻而易举地让学生“脱掉大衣”，收到更好的教育效果。

【案例】抹不去的绿色①

一日在屋前散步，眼前那些冬天留下的残枝败叶，不禁令我有点感伤。突然，墙角的一丝绿意振奋了我的精神，原来是我去年栽种的吊兰草。我想：这顽强生长的精神是不是可以触动学生的心灵？我把一些吊兰草带到教室，但并没有告诉孩子们我的本意。

由于天气骤冷，一周过后，它开始耷拉着脑袋，似乎元气大伤。学生们略带埋怨地问我：“唉，老师，您怎么带这破花到班上，都快死

① 作者是江苏省灌南县五队中学教师吴炳桦。

了!”我笑而不答。

时间慢慢流逝，吊兰草的叶子变得越来越绿，枝条长得越来越长。此时我在想：孩子们明白我的用意了吗？这顽强的小草引发他们思考了吗？我没有直接询问，我需要的是他们自己觉悟。

终于有一天，我的“每日花前驻足”引起了学生们的注意，他们不解地问：“老师，您经常在这里看什么呀?”“我在看花呀!”“这花有什么好看的?”几个学生瞪大眼睛不停地问。“有啊！你们还记得这花刚开始时是什么样子吗?”学生一时无语，我又继续引导说：“这花太平凡了，我们并没有刻意去栽培它，可它却长得这样好，你们对此有何看法?”

“它可真是够顽强的!”“一鸣惊人!”“梅花香自苦寒来!”……学生们的话匣子打开了。我静静地听着，最后说道：“吊兰草的这些精神难道不值得我们学习吗？作为新时代的青少年，你们该怎样去学习、生活呢?”这一次，学生们并没有立刻回答，而是在默默地思考着。

上述案例中，无论学生此时从中领悟到什么，又有何种触动，并不是最重要的，重要的是这抹绿色已经深深扎根在孩子们的心中，成为永远的记忆，激励他们不断前进，这才是我们为师者所真正期望的。这样潜移默化的教育可以说是一种“绿色”教育，无须教师大费口舌忠告学生。

二是让逆耳的忠言变得滑润。

曾经在《今晚报》上看到作者钱超写的题为《批评的妙法》的文章——

宋代的宋祁爱用冷僻的字词，比如“迅雷不及掩耳”，他偏要写成“震雷无暇掩聪”，并常常以此来显示自己的博学多才。欧阳修很想给他提出来，但不便直说。

一天，欧阳修去探望宋祁，正巧宋祁不在家，他灵机一动，便在门上写道：“宵寐匪祯，札闼洪庥。”宋祁看到后，一时也蒙了：“你写的是什么意思?”

欧阳修笑道："就是'夜梦不祥，题门大吉'啊！"宋祁恍然大悟，这个晚辈在变着法儿给自己提意见呢！于是哈哈一笑，愉快地接受了欧阳修的批评。

明朝洪应明在《菜根谭》中指出："人之短处，要曲为弥缝，如暴而扬之，是以短攻短；人有顽的，要善化为海，如忿而疾之，是以顽济顽。"因此，发现了别人的不足或错误，理直气壮地直接敬告甚至警告，不如理直气和地巧妙指出。后者既容易被人接受，也能够体现出批评者的涵养和气度。

有人做过这样一个实验：在两个男洗手间门口，分别挂上禁止涂鸦的牌子。其中一块警告："严禁胡乱涂写。"另一块以相对柔和的语气声明："请不要胡乱涂写。"结果，前一洗手间被涂写的情况更严重。

这是人的一种逆反心理，人们会将察觉到的信息与其对立面联系起来。很多公共信息都是以"禁止"的方式呈现出来，实际上人们是"越禁止，越想干"，禁止反而会起到反面效果。10岁左右的孩子，有着强烈的好奇心，当他们的行为被禁止时，更容易引起他们的好奇心和尝试欲，尤其是在只作出禁止命令而又不加任何解释的情况下。苏联心理学家普拉图诺夫在《趣味心理学》一书的前言中，特意提醒读者请勿先阅读第八章第五节的故事。事实上大多数读者却采取了与告诫相反的态度，首先翻看了第八章的内容。成人如此，孩子们更不例外。对于越是得不到的东西，越想得到；越是不能碰触的东西，越想碰触；越是不让知道的事情，越想知道。这是人们心理发展的一般规律，由于孩子理智程度较成人差，这种欲求反而比成人更强烈。

在教育中，当教师发现了学生的不足或错误时，理直气壮地直接批评或惩罚，不如理直气和地巧妙指出，这样更容易被学生接受，也能够体现出教师的涵养和气度。曾经看到一篇题为《洋班主任的管理魔法》的文章，介绍了一个洋班主任的"温柔的惩罚"——

洋班主任发现班上有个小男孩总喜欢抠鼻子，她并没有当众批评、制止，而是每次看到他抠鼻子就停下来，笑着对他说："来，过来抱抱老师!”原来这是她和小男孩私下的“暗号”。小男孩意识到自己又犯“老毛病”了，笑眯眯地走上前去抱抱老师，然后回到座位上认真听课。

对那些容易犯小错误、小毛病的孩子，批评和惩罚很容易伤害学生的自尊心，也很容易让学生产生抗拒心理，而上述“旁敲侧击”和“声东击西”的办法或许能让学生很受用，在温暖中的氛围中融化错误，在温柔的情境中感化思想。

【案例】忘不掉的握手①

小硕有事没事就喜欢啃指甲。为了治好他这个毛病，小硕的妈妈带他到处求医，但始终不见好转。他的妈妈非常着急，说：“小硕从来不用我给剪指甲，因为指甲都被他啃掉了。一看到他啃指甲我就心烦，为了让他改掉这个毛病，打也打了，骂也骂了，一段时间还给他戴上了薄手套，还是不管用。”家长实在没办法了，就向我这个班主任求助。

开始的时候，每次看到小硕把手指放进嘴里，我就提醒他，一节课总要提醒好多次，可是效果不佳。后来，我和小硕私下约定：只要他再啃指甲就过来和我握握手。刚开始他每节课都要上来很多次，有时候刚握完手又啃着指甲回去了，只好再次走上来，真叫人哭笑不得。我知道一个坏毛病不是一天两天形成的，改掉坏毛病也不能指望一蹴而就。渐渐地，我发现小硕啃指甲的次数越来越少了，当然跟我握手的次数也越来越少了。一个多月过去了，小硕竟一连好几天没跟我握手了。

教师在教育学生时，不应该总是对学生指手画脚，而应该像上述案例中那样多与学生握手言欢。这样的“握手”不仅仅让学生感到被注意的一种“暗号”，表达着教师与学生之间一种心心相印的提醒和督促，这样的“握手”还传达着教师与学生之间一种深情厚谊的

---

① 作者是山东省高密市恒涛双语实验学校教师王晓燕。

关心和爱护，在此意义上，这样的“握手”还是让学生感到温暖的一种“记号”。

综上所述，教育教学不一定顶着一张“苦脸”，让学生愁眉。教育不一定总是表现为一种对学生的教训，而应该多表现为一种对学生的教养，让学生在思想不犯愁中思想不犯错；教学不一定总是表现为一种对学生的教练，而应该多表现为一种对学生的教导，让学生在学习不犯愁中学习不犯难。

原 解

清·李宝嘉《官场现形记》第三十三回：“藩台见人家不来打点，他便有心公事公办，先从余荩臣下手。”

“公事公办”，意为公事按公事的原则办，不讲私人情面。

辩 解

17 “公事”不一定“公办”

——呵护学生是教育最大的公德

教育可以说是公益事业，关系着下一代人的健康成长。对学生的思想教育是教育的大事，也是教育的常事。然而，在现实教育中，学生常常犯傻，常常犯错，对此，教师也常常会不顾情面和不留情面地公事公办，有的是破口语言的词严，有的是破案手段的义正，让学生在语言的轰炸和道德的谴责中最终屈服于教师的威严。其实，这样公开化、公务式的“公事公办”在许多情况下会给学生的心灵造成不必要的伤害。万玮说：“孩子的错误都是可爱的错误，处理不当，‘世俗的唾沫会淹没他们幼小的身躯’，所以，宁可放过一千，也不可错杀一个！”

学生中大体有这样两类极端的人，一类是胆小怕事的学生，一类是胆大闹事的学生。胆小的学生容易消沉，羞于出面，但这样的学生性情比较敏感，对此，教师在教育中有时就不能直言不讳，而应该多与他们私下商量问题，或者用特别的措辞让他们能够自信；胆大的学生容易冲动，敢于犯错，但这样的学生性情比较逆反，对此，教师在教育中有时也不能直言不讳，而应该多与他们私下解决问题，或者用特别的措施让学生能够自省。

公事也可以私办

有教育活动就有教育评价。好的教育评价对学生既是一种情感激励，也是一种力量支持，还是一种方向指引，所以，好的教育活动离不开教育评价。

不过，好的教育评价，我们不能仅仅把它理解为要说好，还必须要用好，这样才能换来学生的好评。因为评价是一把双刃剑，反映在评价对象上，在一批人中用多了，学生就可能产生厚此薄彼的失落情绪，如教师只对表现好的学生大加赞赏，无形中就会冷落和打击其他学生；反映在评价频率上，在一节课中用多了，学生就可能产生不胜其烦的抵触情绪。

心理学研究表明，首次表扬或批评对学生的触动是最大的，随着表扬或批评次数的增多，对学生的刺激程度就会逐渐减弱，其价值就会越来越低。尤其是当众评价，其厉害度更高。第一次当众批评学生，有可能伤害学生使其一蹶不振，而多次的当众批评又可能使学生麻木，导致批评不成为批评；第一次当众表扬学生，虽可使这个学生兴奋不已，却同时又可能在无形的对比中伤害其他学生，而多次的当众表扬也可能使学生麻木，导致表扬不成为表扬，有时反而会带给学生被表扬的烦恼。这正是学习年级越高，学生年龄越大，教师当众评价的效果却呈降低趋势的原因所在。

【案例】"请你不要再表扬我了"

小A是一位品学兼优的学生，最近上课老是精神不集中。有一次，我发现她的一篇作文写得非常精彩，便读给全班同学听，并对其赞扬一番。可没想到她却拿起书本使劲地摔在了桌子上，脸上写满了气愤，随后又拿起笔，在本子上画起了画，连课也不听了。这孩子到底是怎么了？

一下课，小A拿着一封信吞吞吐吐地说："老师，对不起。这是我几天前写给你的信，一直没给你，请你看看。"我打开信，她写道："……老师，我特别害怕你的表扬，请你不要再表扬我了，好吗？这些天我一直都想让你当着同学的面批评我一顿。你知道吗？每次你在班里讲学习的时候，几乎都会提到我，夸我学习刻苦，进步很大。甚至在批评某个同学不用功时，也总会加上一句：'学习都搞不好。有什么用？为什么就不向小A学习呢？看人家学习多努力！'……老师，因为你的表扬，我感到很孤独，同学们都觉得你向着我，还说我会讨好你，都不愿意跟我玩；因为你的表扬，我感到压力很大，我担心如果我的成绩下降或者我不小心犯了错误，同学们一定会笑话我'你看，小A哪有老师说的那么好！'……"

表扬也会产生负效应，其原因在于这种比较性的表扬在打击普通学生的自尊心的同时也反过来会使他们产生对优秀学生的防备心。所以，教师应该慎用当众表扬，避免好心办坏事，让学生双方都"伤"心。鉴于此，我们应适当减少当众评价的频率，可在不伤害孩子的前提下采用当众评价这种方式，但要积极寻求一些私下沟通的方法来代替当众评价。

一是用私下的写信促成好事。

在教育中用写信交流的方式，一是可以避免教育者当面"冲动的惩罚"，二是可以让教育者深思熟虑地思考问题。对被教育者而言，看信同样可以给自己思想和情绪一个缓冲的地带，有足够的时间来慢慢稳定情绪，理性地思考问题。

【案例】"女儿，请原谅我"

那天我下班，看见女儿与她的朋友小美正往一台安全套自动售卖机投硬币。我的脑袋顿时"轰"的一声，本能地冲了过去，将她押解回家，女儿含着泪冲我嚷嚷："我们只是好奇，投一个硬币进去是否真的会有物品出来。就是这样。"晚上入睡时，我后悔起自己的冲动来，第二天我写了一封信给她。

我心爱的女儿：

今天我要跟你讲我少女时代一个女孩的故事。我们那个时代的16岁，每个女孩子心中都会有喜欢的男生。而我要跟你说的这个女孩，名字叫小薇。小薇喜欢的那个男孩，是个看起来非常老实用功的男孩。小薇跟我们不一样的是，她向那个男孩表达了她的感情。

小薇与那个男生经常爬墙外出约会。有一次终于被学校抓到，于是双双被学校开除。但就在此时，小薇却发现自己怀上了孩子。她不敢向自己的父母说，更不敢跟朋友说，而唯一可以说的那个男生，家里却帮他在外地找了一个学校又去上学了。于是，痛苦无助的小薇，终于跳河自杀。

现在回想起当年好友小薇，妈妈依然心痛不已，16岁的生命，正是如花的季节呀！因为有了小薇的前车之鉴，妈妈才如此紧张。

爱你的妈妈

第二天，我正在做菜，女儿推开了厨房门。我有点不知所措，她却叫道："妈妈，我看完信了。那天我与小美真的只是听班上同学说，投了硬币也不一定会有东西出来，所以就和小美试了试。我倒是有喜欢的人，但他都不认识我。"那种脸红正是一个情窦初开的女孩的表情。

我搂住她的肩："我相信你，可妈妈总是太紧张。昨天我想了一夜，觉得小薇之所以会自杀，是因为她不懂得向人求救，特别是不懂得告诉她妈妈。她还有很多方法面对。"女儿看着我，很是认同的表情。我又说："孩子，这世间父母是你最后最坚强的依靠。虽然有代沟，不过，你能不能试着讲讲你的生活，让我跟你爸，再过一次16岁？不要担心我们听不懂，因为你可以教我们。"

女儿不好意思地笑起来，顽皮地伸过手来说："那好，我们拉钩。

你要一直信任我，而我将心中的事讲给你听。”我郑重地伸过手去，拉钩，上吊，一百年不许变。

在学校教育中，教师同样可把一些不宜当众评价的语言写成信装入信封，“送”给学生，当然，学生也可以用写信的方式来与教师交流。由于信的接受对象面向全体学生，而且信的内容属表扬还是批评之辞对其他学生而言是个未知的“谜”，也就避免了其他学生对其的看法可能引起的消极影响。此举的重要意义还在于可由师生间“信”的交流逐步进化为师生间“心”的交流，这样触及心灵的深度是最大的。

【案例】“爸爸，我私奔了”

女儿15岁了。一天，他看到她留给他的一封信。

亲爱的爸爸：

写这封信时，我心中充满内疚和不安，但是，我还是得告诉你，我要离家出走了。为了避免你和母亲的阻挠，我和男友兰迪必须这样私奔，我们已经是一体的了，谁也不能把我们分开。

我相信，你们会喜欢兰迪的。他身上文了各种图案，他服装另类，发型独一无二。我和他之间难舍难分，而且，我已有了身孕。

兰迪说，他要这个孩子，以后我们三个人幸福地生活。我想，我们肯定会幸福的，虽然兰迪比我稍大一点（男人42岁，在现今社会不算太老，是吧?），也没有什么钱，但这些不应该成为我们感情的障碍，你们说对吗?

我们打算到深山老林里去，搭一间小木屋。我们已经准备好了过冬的木柴。当然，兰迪还有好几位女友，但是，我知道他会以他的方式对我忠诚的。

兰迪认为，大麻不会对任何人造成伤害，我将和他一起种植大麻。同时，我们还要向上帝祈祷，希望科学家早日找到治愈艾滋病的方法。这样，兰迪就可以康复了。

爱你的女儿

父亲差点昏厥。这时，他看到另外几个字：“未完，见反面”，他慌忙把信翻过来：

“爸爸，你刚才读到的都不是真的。真实情况是，我在隔壁邻居家，并想让你知道，生活中有好多事情比我的成绩单要糟糕得多。我的成绩单放在书桌中间的抽屉里，请你签上名，然后给我打电话，让我确信我可以平安回家了。”

用书面语言代替口头语言交流的好处在于，一是可以避免当事双方因情绪冲动而激发的情感冲撞，二是可以让彼此冷静地看待问题和思考问题，最终作出正确的判断和选择正确的方法。

二是用私下的约定促成好事。

在教学中，许多教师常常公开要求学生，如公开询问学生会不会回答问题，这样的直白有时会让一些不会回答的学生感到尴尬，也会让一些不想回答的学生感到紧张。所以，教师在指名回答时，不妨先私下询问学生的意思和征求学生的意见，如果学生愿意回答，再请学生回答，这样可以照顾学生的面子。

【案例】“老师，我想读”

课前，教师巡视，悄声地问一位学生：“平时课上谁读书的机会最少啊?”被询问的女生怯生生地说：“我。”老师有点惊讶：“那，如果让你推荐一位学生朗读，你推荐谁?”那位女生忽闪着眼睛：“老师，我想读。”于是，课堂上第一次朗读，老师特地请了这位同学。当她坐下时，红扑扑的脸上泛起了自信。

在教学中，我们还会经常看到这样一种现象，有的教师在课堂上，特别是在公开课上就让会的学生举右手，不会的学生举左手，然后专挑举右手的学生发言，让听课的教师感到教学效果不错。这样教师为了自己的面子而弄虚作假的行为，带来的教育的负面影响无疑是很大的，可能会让学生从此变得虚情假意。反之，当一些学生因为面子而弄虚作假地举手时，教师是否需要公事公办——当场揭穿和当众批评，这是考验教师教育智慧的一道测试题。

【案例】"会的举右手，不会的举左手"

一次上课，我发现一位"学困生"也举手了，很高兴地先让他发言，结果发现是南郭先生。课后我私下了解，原来他看到全班同学都举手了，他不好意思不举手，只想能够蒙蔽过关。

于是，我与他私下约定：以后会答题举右手，不会回答举左手，以此保护了他的自尊心。接着，我又与班级中几个"活跃分子"私下约定：为了照顾班级中的每个同学，让他们都有答题的机会，以后你们每举三次手，才可获得一次回答问题的权利，如果答题有创意，可以再奖励一次。这样消除了"活跃分子"的不满情绪，调动了他们思维的活跃性和深刻性，让每个学生都感受到课堂的积极氛围。

上述案例中，教师正是看到了这位弄虚作假的学生还是要面子的，说明他还有上进之心，于是没有公事公办地公开批评学生的弄虚作假，反而帮助学生"弄虚作假"，用举左右手来保护他的面子。只是这样的"弄虚作假"属于师生之间的私下约定，别人并不知情，由此获得了正面的、积极的教育效果。

公事也可以特办

教育的方法并没有固定的模式，也没有可以放之四海而皆准的公式。我们只能具体问题具体分析，特殊问题特殊解决，有时需要用上一些"奇方"，有时甚至需要用上一些"偏方"，才能获得教育的特效。

一是用特别的预言促成好事。

发现自己有"长处"，是孩子自信的基础；发现自己有"用处"，是孩子自信的基调。孩子的"长处"和"用处"，有时不是自己发现的，而是别人发现的；孩子的"长处"和"用处"，有时也不是别人通过常规方法发现的，而是通过特别方式发现的，从而成就了一段好事。其中，好心的教师可以成为一个对学生极有影响力的好人。

【案例】"我想当作家了"

以前，女儿经常对我说长大要当画家，这也许是她喜欢画画的缘故。但是，今天她又说想当作家了。原来，昨天老师给她的作文打了100分，还在班里说她将来能成为一名作家。

我似乎不相信，女儿才上三年级，学写作文还不久，就能写出100分的作文？教语文的张老师告诉我，给学生打100分主要是受她初中语文老师的启发：她的老师有一个习惯做法，就是每次批阅学生作文时，只要学生的作文中有一两句写得好的句子，他就会给学生的作文打100分，这样治好了许多学生"谈作色变"的恐惧心理，使得学生在写的过程中都会主动地多想几个好句子……

特级教师贾志敏就倡导教师要善于用"高分激励"的方法对学生进行激励评价，他说："分数评价很直观、很具体，教师为什么不用好它呢？对写得好的作文，不仅可以给100分，还可以给120分……只要能调动学生学习积极性，就是好的评价手段。"也有教师为了引导学生积极发言，采用了"鼓励性记分法"：只要学生答对了就记100分，哪怕是补充一个小问题也记100分，答得不全面或不全对的也记100分，答错的不记分。这样做，学生就能积极思维，争先恐后地回答问题了。

这样美丽的预言代表着教师美好的期望，也就给了学生美好的希望，让学生朝着这样的目标奋勇前进。除了这样一种超前性的预言，还有一种预言甚至是一种善意的谎言，带给学生更美好的向往，有着更美妙的教育效果。

【案例】"将来你是纽约州的州长"

罗杰·罗尔斯是美国纽约州历史上第一位黑人州长。记者问他："是什么把你推向州长宝座的？"罗尔斯只说了他上小学时的校长——皮尔·保罗。

1961年，皮尔·保罗被聘为诺必塔小学的董事兼校长。他发现这儿的穷孩子无所事事，不与老师合作，旷课、斗殴，甚至砸烂教室的黑板。皮尔·保罗想了很多办法来引导他们，可是没有奏效。后来他发现这些孩子都很迷信，于是他在上课时就多了一项给学生看手相的内容，他用这个办法来鼓励学生。

一天，当罗尔斯从窗台上跳下，伸着小手走向讲台时，皮尔·保罗说："我一看你修长的小拇指就知道，将来你是纽约州的州长。"罗尔斯听了大吃一惊，因为长这么大，只有奶奶让他振奋过一次，说他可以成为5吨重小船的船长。这次，校长竟说他可以成为纽约州的州长，着实出乎他的预料。他记下了这句话，并且相信了它。

从那天起，"纽约州州长"就成了罗尔斯坚定不移的信念，衣服不再沾满泥土，说话时也不再夹杂污言秽语，走路也挺直腰杆，在以后的四十多年间，他没有一天不按州长的标准要求自己。51岁那年，他终于成了州长。

上述案例中，教师一个善意的欺骗，却给了学生一个信念，让学生一直为之坚持奋斗，终成善果。由此想到《中国妇女报》上的一则报道，一位母亲看到自己的孩子在高考前夕因为长久的复习而感到疲惫，思想开始出现松懈，于是骗他说算命人说他能考上清华大学。这样的预言给他打了一剂强心针，因为他一直认为自己是考不上这样的名牌大学的，现在他看到了希望，从此振奋精神，重新发愤图强，最终真的考入了清华大学。

由此可见，信念是成功的前提，它是最具有价值的潜力股，而要让孩子有一个坚定的信念，有时就需要公事特办，甚至使用善意的谎言。事后，一旦真相大白，孩子也能明白其中的良苦用心。

二是用特别的技术促成好事。

曾经看到这样一则被人称道的"楚庄王灭烛断缨"的历史故事——

公元前605年，楚庄王举行庆功会，让自己的爱妃许姬给大臣敬酒时，一阵大风把蜡烛全吹灭了，有人趁机扯住了许姬的衣袖，想调戏她。许姬非常聪明，没有声张，而是趁机把他的帽缨扯断，随后请求庄王查出这个人处治。庄王听后，却大声说：“今日宴会大家都要尽兴痛饮，把自己的帽缨都摘下来。”大臣们都摘下自己的帽缨后，庄王才命令点燃蜡烛。

后来，楚庄王攻打郑国，不料中了埋伏。危急时刻，楚军副将唐狡单枪匹马冲入重围，救出了楚庄王。庄王重赏唐狡，唐狡辞谢说：“绝缨会上，扯许姬衣袖的正是下臣，蒙大王不杀之恩，所以今日舍身相报。”庄王听后感慨万千。

有一位教师班上的一位学生失窃200元钱，接手这一“案件”后，她想到在杂志上看到的一种“破案”方法：班主任先对全班学生进行思想教育，然后在讲台上放一个投票箱，每人作手握东西状，上台把手伸进投票箱，当全班学生走完一趟，班主任欣喜地在投票箱里发现了丢失的钱。于是她照计而行，却没有收到预想的结果。

究其原因，用投票箱破案的成功也许有其偶然性，但也有欠严密之处。心理学家认为，人有时害怕承认错误，是因为害怕被人知道后名誉受损。如果能确保名誉等利益不受损，在道德心的驱使之下，人们还是愿意承认自己之过或是弥补自己所犯下的错误的。根据这一原则，我们不难发现，在“楚庄王灭烛断缨”的故事中，楚庄王给了大家一个黑暗的背景，而上述教育案例之中，学生在白天，纵使谨慎拿出钱放进投票箱，还是要担负被人发现的风险。

【案例】“谁的青春没有荒唐事”

他的警所靠近一所大学。这天晚上，电话突然急促地响起，来电者是位大学生，请求他立刻来给全班搜身。原来，班里有个女同学，上自习时把手机摆在课桌上，中途上个厕所，回来手机就不见了。女同学哭诉说：“这手机是我考上大学时父母买的礼物，意义不同寻常，而且我所有亲朋的号码全在里面。”班长义愤填膺地补充道：“之前我三番五次地敦促偷窃者主动交出手机，但毫无反应，迫不得已才报警。”

他环视教室，班长又补充道：“手机虽然被关机了，但肯定还在教室里，因为我就坐在门口，这期间没有其他人进出过。”

他的脑海飞速运转：这个手机够不上立案，但是如果当众把偷窃者揪出来，对他将是灾难性的后果。一时糊涂毁掉一生，代价太大了。他要给他一个机会。

他突然灵机一动，微笑着说：“同学们，你们能配合我做个游戏吗?”底下顿时炸开了锅。班长示意安静，听警察的。

按照他的要求，前三排的座椅被往后挪了半米。他宣布规则：“大家起立，排队绕着教室走三圈，等我喊停的时候，请就近坐下，不必回到原先的座位上。下面游戏开始，关灯!”底下又是一阵窃窃私语。

同学们缓缓绕圈而行，他心里却不禁嘀咕：“他能明白我的苦心吗，如果游戏结束，手机没有出现，该如何是好呢?”一圈，两圈，他的心随着同学的脚步声越发忐忑。第三圈开始的时候，他清了清喉咙，说：“下面，我给大家讲个故事吧。”

他说：“有一个男孩，家里很穷，有一天同桌买了一支漂亮的钢笔，他怦然心动，趁课间休息的时候，揣进自己的口袋。同桌发现自己的东西丢了，报告了老师。老师询问观察一番，安慰说：‘别急，明天就会回来了。’”

底下先是一阵哄笑，瞬间又安静下来，听他继续讲。“放学以后，老师悄悄把男孩叫到办公室，开门见山地说，‘如果明天一早钢笔物归原主，我想这件事就这样过去了，谁也不会知道。’男孩用惊恐的目光盯住老师，老师拍拍他说，‘你是个好孩子，谁都犯过错误，关键是知错能改。’第二天，丢失的钢笔果然又回去了。”

第三圈已经走过一半，他继续讲：“这个秘密一直没有第三个人知道。多年后，男孩再次遇见老师，忍不住问：‘您当初怎么料定是我偷的?’班主任大笑说：‘你当初还是孩子，什么都写在脸上呢。’”

最后，他又说：“偷钢笔的男孩就是我，如果不是小学老师当时的掩盖，或许它将成为我一生的污点，也就没有了我的今天。谁的青春没有过荒唐事，知错能改，依旧瑕不掩瑜。”说完，他喊道：“停！请坐下。开灯！”

灯光打亮的那一刻，他想，那个一时被涂黑的心灵，也该亮起来了。果然，在最后排的课桌上，丢失的手机安静而醒目地躺着。

学生因思想不成熟、心智尚稚嫩、欲望难控制等原因做出偷窃等不良行为时，教师要小心谨慎地处理这样的事情，应重在呵护学生心灵。正如苏联教育家苏霍姆林斯基所说：“当看见孩子从同学的漂亮盒子里拿出彩色铅笔，摆弄一阵之后悄悄地塞进自己的口袋里，不必大惊小怪——这不是偷窃——对孩子们做出的这种不当举动，教师必须采取特别明智的教育态度。”

综上所述，教育之事虽然更多的是一种“公事”，但有时教师却不能按照教育的一般公式——在公开场合，当着公众的面，公布你的公正决定。因为，激发学生的自信和保护学生的自尊，应该成为教师谨言慎行的一种教育公德和一条教育公约。

原　解

《汉书·项籍传》：“先发制人，后发制于人。”

“先发制人”，原指在战争中的双方，先采取行动的往往处于主动地位，可以制伏对方。后来泛指先下手采取主动。

辩　解

18

“先发”不一定“制人”
——认识错误需要学生的自觉自悟

美国田径骁将琼斯纵横国际马拉松赛场多年，打破世界纪录不说，还多次卫冕成功，谱写了一个又一个马拉松神话。

关系赛跑的其一因素是自身体能，还有一要领则为战术。许多运动员一开跑便马力十足，先发制人，很早便把对手撇到了九霄云外，殊不知跑至半途，便感到体力不支，结果落个“半途而废”。然深谙“先发不一定制人”者则与之不一，起跑后，便“适量”发力，存而不用，终能胜前者。

《论语·子路》中记载：孔子的弟子子夏在鲁国做了官，有一天回来向孔子请教，孔子对他说：“无欲速，无见小利，欲速则不达，见小利，则大事不成。”意思是说，做事不要图快，不要只见眼前小利。如果只图快，结果反达不到目的，只图小利就办不成大事。教育同样“先发不一定制人”，急于求成有时反而欲速则不达。特别是面对学生的错误，教师更是急不得，你越是急，孩子越是跟你急。

对认识错误，教师先发火未必效果好

教师的重要责任是教育和帮助学生不断克服缺点，及时改正错误。对于学生来说，克服一个缺点，就是增加一个优点；改正一个错误，就是一次进步，任何一个学生进步的过程，都包含着战胜自己的缺点错误的过程。对教师来说，帮助学生克服缺点、改正错误越有成效，对教育事业的贡献也就越大。可以说，教师几乎每时每刻都少不了与学生的缺点错误打交道，都面临着如何认识和对待学生的缺点错误的问题。

然而，在实际工作中，帮助学生改正错误并不是一件容易的事。纵观古今中外，一切教育的成功者，无不包含着他们帮助学生改正缺点错误的成功，而教育工作的失败者，往往就“失败”在不能正确地对待和有效地帮助经常犯错误的学生上。

怎样才能更为有效地帮助学生改正缺点错误呢？最重要的是：教师在学生的缺点错误面前要保持冷静的头脑和正确的态度，这样才能对学生的缺点错误作出比较客观的分析，才能找到教育帮助学生改正缺点的正确方法。反之，如果教师一看到学生的缺点就不高兴，一听说学生犯错误就火冒三丈，那就破坏和失去了教育帮助学生改正缺点的前提条件。俗话说：“弦急易断，人急易乱。”教师在急躁情绪下，就不可能有“好脸色”，就难以认真倾听学生的陈述和申辩，就容易感情用事，主观武断地推测学生犯错误的动机，把学生往坏处想，会对学生采取简单甚至粗暴的教育态度和教育手段。经验表明，教育的失败，往往就始于教师的先行发火。

【案例】和师生恋的女儿签合约

深夜时分，小姨打来电话，紧张的声音传来：“妮妮，她居然恋爱了。”我不敢相信自己的耳朵，妮妮，一向乖巧的小女孩，今年刚刚15

岁，竟然爱上了自己的班主任。班主任姓刘，大学刚刚毕业，“俊秀得像王力宏，谦虚的神态像刘德华，模样像极了姓谢的小子谢霆锋”。妮妮日记里的文字像山洪般将我和她的母亲掀翻在地。

我坚决地告诉小姨，压制住她的这种错误思想，与之摊牌，东风与西风总有一天会有一场战斗，提前来了也好。小姨哽咽着：“不能这样呀，她还小，经受不了这种打击的，爱一个人是没有错的。”

过了一周，小姨打来电话，说事态平息了，处理的方式让我大跌眼镜。妮妮的父亲竟然与妮妮签了一份爱情合约，合约上写着：先将这份爱埋在心里，考上大学后再去向刘老师表白。如果他同意，父母均同意你们恋爱、结婚直至生子，绝不反悔。这是我听到的世界上最特立独行的处理这类问题的方式，我简直不敢相信这样的方式能够奏效。

两年后，妮妮考上了大连外国语学院。妮妮的父亲、母亲邀请我去他们家做客。席间，妮妮的父亲竟然当着众人的面拿出了那份合约，问妮妮这份合约是否还生效？

妮妮早忘了这件事情，看到后满脸绯红：“刘老师呀，有印象，我是喜欢过他，不过现在早忘了，现在我的目标是在大学里找一位白马王子。”

上述案例中，妮妮的父亲解决问题时没有采用“先发制人”的态度，强行制止女儿的“恋情”，而是采用签订合约的方式缓解情感矛盾。一纸合约，表明了家长的心迹，不是不让你爱，不是不承认这份爱，只是将这份爱的周期延长，最终用时间换来教育效果。随着时间的流逝，心慢慢沉淀下来后，孩子的心情会恢复到稳定期，学业的分神也好，爱情观的改变也罢，她的心情会发生变化，慢慢淡忘这份原来曾经信誓旦旦的爱情。由此可见，时间也是一种很好的教育方法，而我们的不“先发制人”就可以为孩子赢得宝贵的教育时间。家庭教育如此，学校教育更应如此。

【案例】语文老师教我写情诗

高三的时候，换了李老师教我们语文。李老师那时候二十八九岁，有古典美，气质极佳，属于偶像级老师。

对于我们来说，李老师在教李清照的词的时候，对于我们来说简直就是盛宴般的享受，我完全沉浸在那种美丽的、不绝于缕的惆怅中。那堂课，我认定李老师就是活脱脱的李清照。以后的日子，我常常捧一本宋词，口中念念有词：“这次第，怎一个愁字了得……”

迷上了那些句子，我觉得自己整个人变得多愁善感起来：会看着花自飘零水自流感叹春去无痕，还会在雨后小心翼翼地收拾绿肥红瘦。诗歌真的是一个美丽的载体，承载起那么多幽微难言而又无限动人的情感。“一种相思，两处闲愁。此情无计可消除，才下眉头，却上心头。”相思，多么美好的情感，李老师在课堂上把它演绎得迷离动人。我觉得，我完全懂了。

可是，我的相思无处可寄，怎么办呢？为此，我心里默默锁定了一个目标——我邻座的一个男生。我想，我一点也不讨厌他，或者还有些喜欢他，甚至是爱上了他。就算爱上了吧！我开始默默为他写情诗，一首一首，缠绵悱恻，柔情万种。我的“单恋”，就这样像土豆一样，在地底下发芽，蓬勃成一首首爱情诗。

我把这些爱情诗抄在作文本上，交给李老师看。我心里忐忑极了，她是不是会像发现洪水猛兽一样，把我的诗交给班主任。然后班主任找到里面的蛛丝马迹，用他那犀利的眼神判我个“早恋”？

没几天，作文本发回来。天哪！本子上密密麻麻写满了李老师的红笔批注。李老师说：“感动于你真挚的情感，我被你的句子打动了。”我那些幼稚的句子上，还有李老师的改动。我记得有这样一首诗，是我想象着与那个男生离别后的场景：“我站在离别的路口，等你的列车呼啸而过，只为与你擦肩……”李老师写道：“诗句婉转灵动，但是诗歌的意象应该更丰富一些。你对语言非常敏感，很难得，相信你会写得越来越好！”

以后的日子，我不断地写，李老师不断地指导，连我自己都觉得写得越来越好了。紧张的学习生活，诗歌成了我最好的调剂。有一次，李老师神秘地笑着问我："这些诗，是写给哪个幸福的男生的?"我一下子脸红了。

是那个邻座的男生吗？我也说不清了。

上述案例中，李老师很聪明，不仅会聪明地教学知识，在教会学生写情诗中提高学生的文字水平和文学水平，而且会聪明地处理学生朦胧的"早恋"，默许学生有一个表达感情的渠道，并通过这个渠道随时了解学生的情感变化。此中，教师没有"先发制人"地制止学生的"想思"，也没有"先法制人"地改造学生的"思想"，最终反而取得了理想的教育效果。

教师要在学生的缺点错误面前保持冷静的头脑和正确的态度，至少要做到以下几点：

一是要对学生的缺点错误有充分的思想准备，努力提高应激能力。教师如果平时能认识到：学生总是会有缺点、会犯错误的，学生大多都是在犯错中不断成熟和成长起来的……那么，当学生"出问题"时，你就会感到这乃是"意料"之中的事情，也就容易保持冷静的情绪。应激能力是指教师在意外刺激下所表现出来的情绪、意志状态及对事物的判断能力和采取行动的能力。应激能力强的教师，在学生突如其来的缺点错误面前，能保持清醒的头脑、坚定的意志，能迅速作出准确的分析和判断，果断地采取正确的行动。应激能力差的教师，一遇到学生的缺点错误，就会惊慌急躁、思维紊乱、意志动摇、判断失误，在行动上要么优柔寡断，要么盲目冲动。

二是要正确分析学生缺点错误的性质及其产生的主客观原因。容易在学生"出问题"时动火急躁的老师，一个重要原因就是不能客观地分析学生缺点错误的性质及产生原因，而是主观地认为：学生在课堂上讲小话、做小动作、不专心听讲，是看不起老师，或是故意跟老师捣蛋；学生在课堂上接嘴、插话、抢着发言，是有意凑热闹、故意起哄、想出风头、"唯恐天下不乱"；学生没按时完成作业，是懒惰，不爱学习……教师越是往坏处想，就越容易急躁动火，越容易以简单粗暴的态度和方法对待学生，也就越容易造成师生关系的白热化。

三是要善于从学生的缺点错误中发现积极因素，并能巧妙利用，冲淡甚至化解其中的消极因素。

【案例】教师的不发火，换来学生的想发奋

一天，一位家长怒气冲冲地带着孩子来学校找我，说他儿子弄虚作假，欺骗家长，把语文试卷上的58分改为88分。我看了试卷，分数确实是涂改过的。

我没有马上发火，而是首先表扬他有两个优点：第一，他知道88分比58分好；第二，他希望得88分是不满足于58分。我这一表扬，那个学生不好意思地笑了。这一笑，笑掉了他与老师之间的心理屏障，为下一步的教育创造了良好的气氛。

接着，我又同家长一起分析了学生涂改试卷的原因和动机，指出由于学生过去有不及格被家长打骂过的经历，这次改分数的目的是为了躲避家长的打骂，而并非是出于"弄虚作假"和"欺骗家长"。这样一分析，学生十分感动，口服心服，认为老师太理解他了，还没等我"教育"，他就作起了自我批评，并保证以后一定要用自己的努力来争取好成绩，不再做涂改成绩的事。那位家长从我的分析中也受到了启发，表示以后要改进家庭教育的方法。

从这个例子中我们看出，要发现学生缺点错误中的积极因素，教师必须做到三点：首先，冷静分析，正确判断学生犯错误的原因和性质，并采取不同教育方式；其次，允许学生充分陈述和解释事情发生的前因后果，以了解事情的全貌；再次，面对学生的错误就事论事，尽量低调分析和尽量为其寻找客观原因，做到"宁可原谅也不能冤枉"。

四是要有宽广的胸怀对待学生的错误。学生因出问题、犯错误、闹纠纷被老师找来个别谈话，心情是十分复杂的：有的紧张、害怕、后悔；有的无所谓，毫不在乎；有的能准确认识自己的错误，准备向老师作检讨，虚心接受老师的批评教育；有的想极力把错误和责任推给对方……面对学生五花八门的缺点和错误时，教师必须有宽广的胸怀，切忌不分青红皂白地简单进行压服；或者不分是非曲直，和一通稀泥了事。无论跟什么样的学生谈话，教师不能"先发制人"，否则极容易形成教师说一句、学生辩一句，学生辩一句、教师驳一句的互相争执，甚至互相争吵的局面，导致教育效果变得越来越糟糕。

对知识错误，教师先发话未必效果好

在课堂教学中，学生出现知识错误也是常有的事情，对此，教师也要能够沉得住气、耐得下心，静静等待学生随着知识内容的丰富和学习经历的丰富而能够自觉自悟。

【案例】"你怎么还出这样的错?"

在"有余数的除法"教学中，教师引导学生分析理解了列竖式计算有余数除法的重难点：商应该写在哪个数位，余数为什么要比除数小。结果，一位学生在板演 13÷2 时，又错误地将商 6 写在了十位上，于是教师马上板着脸批评："错啦！我们已经重点学习了商应该写在哪位上，你怎么还出这样的错？……"

这是我们日常教学中常见的一幕，我们都知道一堂成功的课应该是精彩的，在师生互动的过程中，情感的交流、思维的碰撞、创造力的迸发……这些"精彩的片段"常常是课堂教学中一道道亮丽的风景线。然而，我们常常容易忽略另一种精彩——学生的错误，许多教师在发火中白白浪费这一有用的教学资源，而学生呢，得到的不是思想上的打造，而是情感上的打击：低头认错，感受到的是沮丧、难堪、羞愧。

其实，"吃一堑，长一智"，错误是到达真理路途中一个必然的环节，是学生的一种宝贵经历。学生的学习就是一个不断尝试错误的过程，学生正是在不断地犯错误并纠正错误的过程中获得了丰富的知识，提高了学习的能力。教师要认真分析学生出现错误的原因，如在上述案例中，教师如果追问："为什么把6写在十位上？"让学生充分暴露思维过程，就能发现错误的原因。其实，对这位学生的错误的纠正，就是对其他学生又一次的提醒和提示的教育和教学过程。

【案例】一块鸡骨头的研究过程

这天放学后，克里斯在他家的后花园进行考古挖掘。

克里斯想成为一名古生物学家，发现恐龙化石是他最大的梦想。他挖啊挖啊，一个小时过去了，他挖出了一个又大又深的坑。突然，他碰到了一块既光滑又硬的东西。是骨头！

克里斯兴奋极了，他按照书本上的指导，用刷子小心地清理掉骨头周围的沙土，然后他拿起那块骨头，欢叫着跑进厨房。他的妈妈正把一只鸡放进烤箱。

"瞧，妈妈。一块恐龙的骨头。"克里斯说，"也许是一块偷蛋龙的锁骨。"

"亲爱的，你能证明吗？"妈妈问。克里斯马上从他的房间拿来了他的恐龙画册，翻到97页。"瞧见了吗？"他指给妈妈看。

"你也许是对的。"妈妈笑道。

克里斯又把骨头给他的爸爸看。"这也许是一块暴龙的指骨。"克里斯把画册翻到68页。"看见了吗？在这儿，爸爸。"

爸爸说："你也许是对的，克里斯。"

克里斯又把骨头拿给他的哥哥艾伦看。"也许是一块美颌龙的腿骨。你看，美颌龙的体型跟鸡差不多。"说着，克里斯把书翻到45页，放到哥哥的鼻子下。

"也许吧。但在我看来，它就像一块鸡骨头。"艾伦说。

晚饭后，克里斯问妈妈："妈妈，我可以从垃圾桶里拣一块鸡骨头吗？"

“可以。但你想干什么呢？”妈妈问。

“跟考古有关。”克里斯答道。

第二天，克里斯拿着一个鞋盒到了学校。

“你有好东西给我们看吗，克里斯？”托马斯老师问。

“是的。”克里斯把盒子放到实验台上。“我昨天在我家的后花园挖到了一块骨头。”

同学们马上围拢过来。在大家好奇的目光中，克里斯拿起了他昨天挖到的那块骨头。

“这块骨头也许可以有多个版本的解释。”克里斯说，“一开始，我认为它是一块偷蛋龙的锁骨。”他把恐龙画册翻到 97 页给同学们看。“或者，也许是一块暴龙的指骨。”说着，他把画册翻到了 68 页。“然后，我又认为它是一块美颌龙的腿骨。”他指着画册 45 页上的图片说。

“你们说，我的猜测到底哪个对呢？”克里斯笑着问他的同学。

“是美颌龙的腿骨。”

“不对，是偷蛋龙的锁骨。”

“应该是暴龙。”

同学们争得面红耳赤。托马斯老师没有出声，任由学生们争论。几分钟后，他把目光投向克里斯。克里斯把手伸进盒子，拿出了另一块骨头，说：“这是一块鸡骨头。”他把这块骨头放在实验台上，两块骨头看起来几乎完全一样。

克里斯接着说：“根据比较，我估计我挖到的只是一块鸡骨头，而不是什么恐龙的骨头。所以我不准备做古生物学家了，因为我没有发现恐龙骨头。”

“克里斯，一个古生物学家在他的一生中会发现许多骨头。”托马斯老师说道，“它们不都只是恐龙骨头，而找出它们是什么的唯一方法是找出它们不是什么。而这个，你已经做到了。”

克里斯笑了，托马斯老师说得对。“那么，我就不打算成为一名古生物学家了。因为，我已经是了。”克里斯笑道。

上述案例中，面对孩子的认识"错误"，父母和老师都没有"先发制人"，把正确的知识直接告诉孩子，而是让孩子在不断探究中自己发现正确的知识，其中父母和老师需要做的只是鼓励，甚至鼓励孩子去犯错误，因为有了错误就有了探究的动因和机会。

英国一位心理学家说过："错误人皆有之，作为教师不利用是不可原谅的。"教学是一个动态的、变化发展的过程，学生随时可能发生各种预想不到的错误。我们应把错误看成教学的资源，充分利用学生的错误这一"财富"，化弊为利，将错就错，培养学生正确归因错误。正确地、巧妙地利用错误，可以让课堂因此而精彩，让"错误"因此美丽。

【案例】一次错误，一次辩论

（出示长方形、正方形、平行四边形、梯形等平面图形）师：选一个最有把握的，说说它是不是轴对称图形？并说说你的理由。

生：我认为平行四边形是轴对称图形，因为平行四边形通过剪、拼，可以转化为一个长方形，长方形是轴对称图形。

师：有不同意见吗？

生：我认为平行四边形不是轴对称图形，因为它对折以后两边不能完全重合。

师：现在出现了两种观点，我们讨论一下，说说自己的观点。（学生的辩论很热烈）

学生的学习是建立在经验基础上的一个主动建构的过程。在上述案例中，学生对轴对称的概念还比较模糊，由于受先前经验"平行四边形通过剪、拼，可以转化为一个长方形，而长方形是轴对称图形"的影响，错误地得出了平行四边形是轴对称图形的结论。当学生出现这样的错误时，教师没有急于指出，而是给学生足够的时间和机会去发现错误、纠正错误，并有意制造"矛盾"，使学生开展正反两方的辩论，从而明确轴对称概念的本质属性是"对折后两部分能完全重合"，而"剪、拼"其实已经改变了图形的性质。

在教学中，受制于知识的局限性，学生在一定阶段的认识可能不全面，甚至会错误地理解知识。例如，在学习“小数乘法”时，教材中呈现的内容首先是“小数乘整数”。受小数加减法数位对齐负迁移的影响，有些学生会错误地认为小数乘法也是数位对齐。此时，如果仅仅靠教师的强行制止，学生的这种误解未必就能扭转过来，因为“小数乘整数”的特殊性不足以反映内在的算理，其计算竖式形似“小数加减法”。此时，教师不妨暂且容忍学生的这种错误思想，等到教学“小数乘小数”时，其计算方法对学生就有了足够大的冲击力，迫使学生纠正原有的错误认识，此时水到渠成，也为时不晚。

接下来，面对学习新知之后学生于练习中出现的错误，教师是否依然采用“先睹为快”的教学策略，让错例先行呢？许多教师的做法告诉我们，答案是肯定的。因为教师始终有一种“先发制人”的观念，认为“制服”了错误也就“制服”了犯错的学生，也就能使学生以后不会再犯类似的知识错误。由此，在评讲时，许多教师往往先反馈错误的范例，再反馈正确的，这样的顺序似乎已成“定律”。下面的案例让我们对这样的反馈顺序产生了质疑——

【案例】不同的反馈顺序，不同的评讲效果

教学“解方程”时，在引导学生理解了天平变化过程（等式基本性质）之后，我要求学生把天平的变化过程在方程中体现出来。学生中出现了这样四种具有代表性的写法：

1. $x+3=9$	2. $x+3=9$	3. $x+3=9$	4. $x+3=9$
$x-3=9-3$	$x+3=9-3$	$x=9-3$	$x+3-3=9-3$
$x=6$	$x=6$	$x=6$	$x=6$

在交流时，我按照1、2、3、4的顺序进行反馈，也就是先错误的，再正确的。反馈第一种写法时，我提问：“谁能分析这样写存在的问题？”结果只有5人举手。很显然，这5人就是做对的5个人。这时，我感觉参与的人太少，就稍微等了一会儿。于是，又有两人想举手，但他们心里可能也没底，犹犹豫豫地举了一半又放下了。无奈，我只

好请一位做对的学生分析。当这个学生分析时，我看见有几个学生低下了头，感觉很难为情，那几个学生就是错误写法的“创造者”。反馈第二种写法时，举手要求分析的人数略有增加，但也就是10人左右。分析时，一位学生一口气把第2第3两种写法全讲了。这时，我观察到一些学生的眼神有点茫然了。于是，当反馈到第4种写法时，举手的人还是不多，很多学生似乎越来越糊涂了……

通过这次教学，我发现按照先错误再正确的顺序进行反馈，虽然学生也能分析其中的错误，但参与的学生少，气氛沉闷，教学效果不理想。于是，在另一次教学时，我决定调整反馈的顺序，看看会是什么情况。我还是选择上述4种具有代表性的写法进行板演——

师：我们来看一下这4种不同的写法，你觉得哪种最符合我们的要求？

举手的学生在10人左右，于是我有意识地请一位本来就写对的学生分析，他很好地分析了第4种写法。

师：听清楚了吗？谁能再说一遍？

举手的学生急剧增加，我请两位学生复述，同时我配合板书标注和课件对比协助分析，很多学生都听得频频点头。

师：看来，第4种写法确实很符合我们的要求。那么，前面3种写法难道都有问题？你们能不能给大家分析一下？

举手的学生约有3/4，于是我请3位学生对这3种方法进行分析。每讲一题，学生主动要求分析的热情都在高涨，举手人数不断增加，那些出错的学生也积极参与进来了。

师：你自己刚才写对了吗？如果不对，请你找出错误的原因。

在学生找到错误之后，我又请几位学生给大家提出注意点。整个教学环节和谐流畅，学生学习的积极性高，教学效果好。

同样的4种写法，不同的反馈顺序，带来了两种截然不同的教学效果。在一些课里，先反馈正确的，效果也许会更好。这样的做法，可用以下几个理由来支撑：

一是先反馈正确的，符合教育心理学规律。先反馈正确的，能让正确信息“先入为主”，给学生一个正确、清晰的认识。教育心理学研究发现：“首次感知新知时，进入大脑的信息可以不受前摄抑制的影响，能在学生的大脑皮层留下深刻的印象。但如果首次感知不准确，那么造成的不良后果在短期内是难以清除的。”因此，先反馈错误的，会让学生“首次感知不准确”，尤其是感知了几种错误的方法之后，学生更会受到这些错误方法的负面干扰。我们经常会碰到对几种错误方法进行反复分析之后，学生对正确方法却产生了疑惑的情况，这就是这种反馈顺序经常会产生的结果。

二是先反馈正确的，可以扩大学生的参与面。先反馈错误的，就是在学生还没有形成正确方法之前先对错误方法进行分析，这时参与分析的往往是个别学生。而先反馈正确的，就是先把正确的方法展现在学生面前，让学生把这种正确方法内化为自己的原有认知，并以此为基础，对别人或自己的错误进行分析，寻找错误的根源和解决策略。所以，这样的做法，更能调动学生学习的积极性，更好地扩大反馈时学生的参与面。

三是先反馈正确的，能够保护出错的学生。反馈错误的做法之时，教师往往只想着利用这个错误资源，却忽略了出错学生的心理。先反馈正确的，有利于营造一种“自我发现、自我提升”的学习过程。在这样的过程中，学生的探究、尝试、纠错是积极主动的，认知会更加牢固。

四是先反馈正确的，可以节省教学时间。先反馈错误的，会导致学生由于没有正确的方法支撑认识，有些时候会出现为几种不同的方法争论不休，甚至会出现把正确方法置于“圈外”的情况。而先反馈正确的，就可以避免一些无价值的争论，引导学生围绕问题的本质展开讨论，从而节省教学时间，提高教学效率。

从以上几个方面来看，先反馈正确的做法，可以成为教学的一种常规策略。但我们也知道，没有一种方法能在任何时候、任何情况下都适用。因此，对于“先反馈正确的”这种做法，我们也应该理性对待，考虑它的适用时机。在以下几种情况中，可采用先反馈正确的做法。

一是错误率较低时。错误率低表示学生对这个问题的探究总体上是成功的，对于问题的认识也是较为透彻的。只有个别学生出现一些错误，而这些错误对大部分学生形成正确的认识没有太大的影响。先反馈正确的，出现错误的学生就可以通过“自我发现”的形式认识自己存在的问题。

二是错误原因很浅显时。有时学生出现的错误是很浅显的。如果让出错的学生对照一下正确方法，他们可能一看（一听）就立即明白出错的原因了。因此，当学生出错的原因很浅显时，也可以先反馈正确的。

三是错误现象极其典型时。错误现象极其典型，是指这些错误学生经常会出现，这种错误是由知识本身的抽象性引起的。面对这样的错误，教师有必要先反馈正确的，让正确方法“先入为主”，一开始就在学生大脑皮层上留下深刻印象。

四是错误原因不清晰时。错误原因不清晰，包括两种情况：一是指错误原因太复杂（太深奥），学生很难分析清楚；二是指错误情况与正确方法关系不大，甚至无关系。面对这样的错误，有必要先反馈正确的，而且反馈时，教师要通过板书、课件演示等手段，把正确方法分析清楚、透彻。这样，就可以使学生明确错误的原因，提高错误分析的针对性，体现错误分析的价值。

另外，在教学中，我们还经常看到许多教师在学生还没犯知识错误之前，根据往届学生的学习经验，提前把学生容易犯的一些错误罗列出来，来提醒学生注意，从而防患于未然。其实，这种做法有时也未必好，因为有些错误在这一届学生中未必会出现，教师这样的“先发制人”有可能让学生留下错误印记，反而“制造”学生犯错误的机会，如果这样，教师就好心办了坏事。

综上所述，面对学生的错误，不论是思想上的错误还是知识上的错误，教师都不能“先发制人”，而是首先要做到不发火，然后注意不同的发力方式，做到不同性质的错误不同对待、不同时期的错误不同对待、不同对象的错误不同对待，给学生自觉自悟的机会。

原 解

唐代钱起《省试湘灵鼓瑟》:“曲终人不见，江上数峰青。”“曲终人散”，意为曲子停息了，人也就都散了。

辩 解

19

“曲终”不一定“人散”
——学习的兴致时时处处都可上演

我们常常以为，上课才算上课，上学才算上学，教师上课之时才是学生上学之时。一节课的结束之时，也是学生学习的结束之时。正是这样的教学观念，使得我们常常会发现，一节课中，教师很不重视课尾那一段时间学生还能做些什么，更不重视课外的那一段时间学生可以做些什么。

其实，教学需要“善始善终”，这样才是完整的教学，并且一节课好的结尾更能影响教学的大局。另外，教学还需要“有始无终”。教学应该是个广义的概念，学生的学习场所不仅仅只是局限于课堂，课余时间和课外生活更是巩固书本中知识和汲取书本外知识的大课堂。在这样的大课堂中，学生有着更多的时间、更多的渠道、更多的工具和更多的精力来学习更多的知识和更多的方法。

课终，让学生能“登高”

一节课的教学过程好比一年四季，课首如同春天，情境创设给学生春天般的温暖；课中如同夏天，探究活动给学生夏天般的热烈；课尾应该如同秋天，知识收获给学生秋天般的成熟。然而，现实教学中，许多课尾如同冬天，使学生的感觉好像进入了冬眠，没有了学习的高潮，没有了学习的高见。

一是课终依然有高潮。

有人说：“人们应该在最美好的时候离开。”因为这个认知而获得诺贝尔奖的是心理学家丹尼尔·卡内曼。他将这一现象命名为“峰终定律”：我们对一件事物的记忆仅限于高峰和结尾，事件过程对记忆几乎没有影响。高峰之后，终点出现得越迅速，这件事留给我们的印象就越深刻。

大部分人不理解这一定律。比如说准备一场演出，我们会投入更多的时间，精心准备服装、化妆、道具，营造好的舞台效果，力争给观众留下一个好的印象。我们却常常忽视演出结束演员退场时的准备。有时候，尽管人们对演出开始的印象很好，但是，糟糕的结局也会给人留下难以磨灭的坏印象。

有一次，我去参加一个派对，前 3 个小时我一直都很满意，只在最后一个小时我感到了无聊。3 个小时的快乐减 1 个小时的无聊等于 2 个小时的快乐，也就是说，我愉快地度过了 2 个小时。但是，我们的记忆并不是这样计算的。如果我参加另外一次派对，并且只在那里待 1 个小时，我却享受了满满 60 分钟的快乐。与第一次的派对相比，第二次的派对留给我的印象将更为美好。

看电影也是如此。一部 90 分钟的电影，开始的 1 小时虽然剧情平平常常，但如果最后半个小时能使我们感动，我们依然会向别人推荐这部电影。相反，如果在前半个小时就把剧情的创造力表现得淋漓尽致，结尾却非常平庸，那么，这部电影的口碑就肯定很不好。

课堂教学如同一场演出，教师会投入许多的时间，精心准备方案和道具，营造好的“舞台”效果，力争给学生留下一个好的印象。但当知识新授结束，特别是接近一节课结束的时候，教师就会认为已经大功告成，于是常常会忽视结课艺术，如全课总结匆匆而过，课堂练习草草布置。虎头蛇尾的收场，让学生在“意冷”中感到“心灰”，如此糟糕的心情难以带来美好的回忆。此中，教师在乎的只是学生知识上的满足，而忽视了学生情感上的满意。

学生在课堂学习中，情感的变化趋势大体呈从低到高再到低的状态，课首因为还没有进入学习状态，学生情绪大多比较低落；随着教学的深入、新知的挑战和教师的重视，会使学生的学习大多出现高潮；可一旦新授结束，教学接近尾声之时，知识已经不再神秘，身心也已经疲惫，学生情绪开始回落，此时就很容易分心。也就是说，学生的课堂学习大多情况下只有一次高潮。

根据“峰终定律”，课堂的结尾也很重要，直接影响着学生的学习效果。好的结尾能够让学生的学习高潮迭起，“在最美好的时候离开”可以带给学生良好的学习体验，从而使其获得更好的学习效果。理想的课堂教学的情感线应该呈现出一波三折的起伏态势，让学生获得一唱三叹的高潮体验。所以，我们应该重视新知教学后的练习设计，让好的练习再次掀起学生情感和思想的波澜。

【案例】薄纸与高山

在教学“用计算器计算”的练习阶段，我设计了这样一种计算活动——

师：如果把这张报纸对折再对折，连续对折30次，你觉得纸的厚度高还是珠穆朗玛峰高？

生：珠穆朗玛峰高。

师：为什么？

生：珠穆朗玛峰高8848.13米，可是这张纸才厚0.01毫米，它们之间相差实在太大了。

师：好！拿出你们手中的报纸试一试。

师：都折好了吗？

生：没有，没法折。

生：纸越折越小，折到一定高度时，就变得特小了，也变厚了。

生：报纸不仅变厚了，它的面积也变小了，越来越难折了。

生：我发现每对折一次，厚度都是原来的2倍。对折一次变成两层，它的厚度是0.01×2=0.02毫米；对折两次是0.04毫米，用0.01×2×2表示，即后面总比前一次多乘一个2，总是2倍、2倍地扩大，一直到对折30次，0.01后边连续乘30个2。

师：用计算器算一算结果是多少，然后再读一读。

生：10737418.24毫米。

生：10737.41824米。

师：读后你有什么想法？

生：没想到居然比珠穆朗玛峰还高。

生：不算不知道，一算吓一跳。

生：我感觉数学太神奇了！我们把一张报纸对折30次之后，高度就成了1万多米了。

师：大家通过折纸还发现报纸面积变小了。老师在课前测得这张报纸的面积是4251平方厘米。那么，对折30次以后，面积会变成多小呢？

生：用这张报纸的面积除以2，连续除以30个2，结果为0.00000395905平方厘米。

生：比针尖还要小！

计算原本是单调枯燥的教学内容，知识新授结束后的计算练习更会乏味无比。而上述案例中，教师设计的折纸活动，寓知于趣，让练习不再平淡，也让练习不再平凡。当“变大与变小”这种富有哲理的光芒照射在课堂上的时候，学生真切并充分地感受到了知识的巨大力量。这样的练习设计引发了学生的惊奇和惊叹，带给了学生巨大的情感和思想冲击力，这样的课尾效果让学生刻骨铭心。

二是课终依然有高见。

一节课即将结束之际，许多教师认为教学的“主菜”已经上完，学习气氛的冷却实属正常。其实，课尾应该是学生最有能量和最有能力的时刻，因为他们已经掌握了知识，学会了方法，也就可能会产生自己的思想，所以，课尾并不是让学生沉默休息的时刻，而应该是让学生发挥水平的时刻，如此或许可以重新掀起教学的高潮。

【案例】学生问得太好了①

《普罗米修斯》的课尾，我让学生说说自己的想法，大胆提出问题。

"希腊神话中，人是从哪里来的？"一向好问的赵文博问。

平日里不善思考的学生李礼也问："老师，普罗米修斯是什么神？他为什么对人类那么友好？"

语文成绩不算太好的张鹏举说："读了课文，我觉得有的地方说得不清楚，是不是作者的想象力不是很丰富？如果能把我们有疑问的地方也写入文章中，就更好了。老师你说，我讲的对吗？"课文受篇幅限制，删去了相当多的故事情节，他居然发现了。

我说："质疑源于思考。你们的思考太有价值了，你们还有问题吗？"

孩子们都举手争着发言。我认真地记录下他们阅读中的众多发现或疑问：

——普罗米修斯除了为人类送来火种，他还做了哪些对人类有帮助的事？

——普罗米修斯送给人类火种，应该是在火神不知情、宙斯不同意的情况下做的。课文说是"取火"，应不应该是"盗火"？为什么课文不用"盗火"而用"取火"？普罗米修斯勇"盗"的手段是否合乎道德？

——普罗米修斯来到人间是偶尔发现人类悲惨遭遇，还是有目的地来到人间查看？

① 作者是安徽省颍上中学教师王勇。

——普罗米修斯得救，全知全能的宙斯一定会知道，后来又会怎么样？

——众神之神的宙斯为什么不直接把火种从人间取回来？

——大力神赫拉克勒是谁？他为什么敢于拯救普罗米修斯？他不怕宙斯的惩罚吗？

——希腊诸神住在什么地方？是不是像玉皇大帝一样，住在天宫里？

对这些问题，有的我马上作答，有的则请学生回答。客观地说，有的问题价值并不大，但同学们能大胆地提出问题，说明他们在仔细阅读、认真思考。为了解答这些问题，我又找来了普罗米修斯盗火的原版故事，让同学们读。他们都读得津津有味，不时有同学发出惊叹声。

为满足学生阅读和表达的欲望，我决定举办一次“希腊神话故事会”。会上，学生们讲得头头是道，听得如痴如醉。几位平日里不爱说话、不爱交际的学生，走上讲台也是口若悬河，教室里不时爆发出热烈的掌声。

据报道，一群中国高中生与美国中学生举行了一次有关国家软实力的辩论赛。比赛中，中国孩子引经据典，东方西方大师名言一起招呼，相比之下，“小美”显得幼稚肤浅，但中国孩子却被判负。评委主席说：“这么大的人该有自己的想法了。”而学生能有自己的想法，需要在平时慢慢培养，如上述案例中课尾的精彩。这样的课尾，还能让学生忘记吗？根据“峰终定律”，这样的课尾，还能让学生忘记整节课吗？

课终，让学生能“望远”

每一节课只是学生学习征途中的一个里程碑，这样的里程碑既代表着学习的历史，又代表着学习的未来。我们应该让学生能够瞻前顾后，既能回望过去又能展望未来，让学习的知识能够更好地延续，让学习的习惯能够更好地养成。

一是课终依然要回望。

曾经在杂志上看到一篇题为《最难的学问》的文章——

一名年轻人问老师：“最近，我在喜马拉雅山遇见一位睿智的老人，他能看到不可预测的未来。先生，您也懂这个吗？我真想学。”

“每个人都懂呀，”老师平静地说，“真正困难的学问不是这个。”

“那是什么？”年轻人不解，“还有比未卜先知更高深的学问？”

“飞翔的鸟儿，葱郁的林木，人人都能张眼即见，但你看得见自己的睫毛吗？它可就在你的眼前啊！所以，我要教给弟子的，不是让他们预见朦胧的未来，而是看清鲜活的现在。”

是啊，有时最难的学问不是能够预测未来，而是能够看清现在的自己。或者说，要预测未来，首先要能够看清现在。

在教学中，我们也应该引导学生能够看清自己的现在，而要能够看清自己的现在，首先要能够看清自己的过去，也就是要能够学会反思。如今的学生学会了知识，学会了方法，但很少能够学会反思。例如，许多学生在学习中常常表现为教师的一节课终结，他们的学习也由此停止，不会对之前的学习主动进行反思。又如许多学生在解答习题时，答案常出现半棵树、半个人，却看不出其中可能存在的问题，这常常与学生缺乏反思能力和反思习惯有关。

勤劳之脑，贵在反思。哲人有言：“未经反思的生活是不值得过的。”反思也是完善自我的一种能力。人无完人，更不可能朝夕之间尽善尽美。反思，就是瞄准“臻于至善”这个目标不断前进。

要让学生学会反思，从而能够更好地把握现在和展望未来，这需要我们平时能够积极引导学生养成反思的习惯。例如，有位父亲每天回来跟女儿聊 10 分钟，只聊 4 个问题，就完成了他的家庭教育：“学校有什么好事发生吗？”“今天你有什么好的表现？”“今天有什么好收获吗?”“有什么需要爸爸帮助的吗?”第一个问题其实是在调查女儿的价值观，第二个问题实际上是在增加女儿的自信心，第三个问题是让她确认具体学到了什么，第四个问题是说明学习是她自己的事。

【案例】给一年前的自己发条短信①

学生升入中学快一年了，我开展了“给一年前的自己发一条短信”的活动。学生们或讨论，或沉思，慢慢地将短信内容写了下来：“我像个中学生啦!”“我当上班委了!”“我作业多啦!”“我会懂事的!”“我的作业难了。”“我要多吃饭。”“我的理想是北大!”“我应该学会节约。”“明天会更好!”“我想快点长大!”“我要让妈妈为我自豪!”……

我要求学生课后把短信汇总到班级墙报上，标题就是《给一年前的自己发条短信》。我也加上自己写的短信“我为拥有你们感到骄傲”。墙报完成后，我把它拍成照片发在我的QQ博客上，并把孩子们的短信内容发给他们各自的家长。

接下来的两个星期，全班学生投入前所未有的学习高潮和复习氛围中，期末考试我班取得了优异成绩。

问反思问题，写反思日记，发反思短信，都可以促使学生积极反思自己的过去，更有甚者，加拿大一所学校还让学生戴“耻辱戒指”来达到反思过去、鞭策现在和展望未来的目的——

加拿大工学院是一所颇有声誉的高校。有一次，一名毕业于该校的工程师由于计算不精确，导致桥梁在完工后不久就倒塌了，给政府造成了巨大的经济损失。为了牢记这个惨痛教训，加拿大工学院不惜重金，买下建造这座桥梁的所有钢材，将其加工成一个个戒指，取名为“耻辱戒指”。从此，每当学生毕业领取文凭时，都要领取一枚这样的戒指，戴在手上。

长期以来，加拿大工学院的毕业生们谨记“耻辱戒指”的教训，对工作一丝不苟，取得了许多非凡的成就，赢得了社会的肯定和赞扬，

① 作者是江苏省南通市东方中学教师何美红。

为学校争得了无数荣誉。然而，这枚"耻辱戒指"却始终戴在所有加拿大工学院毕业生的手上。

除了反思过去的认识外，让学生反思过去的知识的常见做法是布置家庭作业。加拿大学习委员会（CCL）2009年的一个综合研究证实，家庭作业与较高的学业成绩成正相关，但条件是家庭作业是教师精心设计的，且让学生积极主动地学。CCL的这份报告的主要发现有：

1. 需要学生主动投入的作业更有可能是有效的作业。研究显示，为家庭作业付出的"努力"比"时间"更重要。作业中的元认知成分——学生必须反思自己的学习，比如决定采用哪个策略解决某个数学应用题——或许是学生主动投入的重要组成部分。

2. 作业量过多会出现效益递减。在某种程度上，给学生布置较多作业的班级和学校，学生的学习成绩要比作业较少的学校的学生的好。不过，有研究显示，作业量达到某一水平后，会出现效益递减。比如，对于初中学生来说，家庭作业与学习成绩的正相关关系仅限于当作业量较少时（学生做作业的时间不超过每晚1小时），超过1小时后，二者之间的正相关关系就完全消失了。综合评估所有相关研究，没有找到反驳库珀关于家庭作业的经验法则：每天家庭作业的总时间量不能超过年级数乘以10。

3. 家庭作业对不同的学生会产生不同的结果。年级较高的学生（8年级和8年级以上）最有可能从家庭作业中获益，成绩较差的学生似乎从家庭作业中获益最多，教学水平差的学校的学生比教学水平好的学校的学生更补偿贸易受益于家庭作业。

由此可见，家庭作业的设计应该注意"质"与"量"，让学生在作业过程中体验幸福和快乐。教师设计家庭作业时，应该注意以下几点：

1. 从枯燥走向有趣——让学生体验快乐。著名心理学家布鲁纳曾说："学习的最好刺激是对所学材料的兴趣。"将家庭作业融入生动有趣的活动中，符合学生的心理特点。

【案例】趣味作业

学习了“数的整除”这单元后，我用这单元的知识把某学生的电话号码编成了一道竞猜题让学生进行猜数练习。某学生的家庭电话号码为7位数，每个数字依次是：2的最小倍数，一位数中最大的合数，6的最大约数，既是偶数又是质数，2和3的最小公倍数，比所有自然数的公约数少1的数，最小的奇数。

学生根据这些条件，说出了“2962601”这个号码后，我让其他学生把自己家的电话号码也模仿着编一编，让同学猜一猜。

2. 从单一走向灵活——让学生体验自主。一是“活”在自选上，学生可以根据自身的学习基础自由选择作业，把“选择权”还给学生，充分调动他们的学习积极性，发挥他们最大限度的自主性；二是“活”在分层上，在作业的提供上，可以为学生提供作业“套餐”，让各种水平的学生都各有所得。

3. 从课堂走向实践——让学生形成能力。在作业设计时，要根据教学的内容以及学生已具有的活动经验，设计一些以学生主动探索、实验、思考与合作为主的探索性作业。

【案例】调查作业

移动通信公司有两种收费套餐，采用的收费标准见下表：

种类	固定月租费	每分钟通话费
A套餐	30元	0.3元
B套餐	0元	0.6元

让学生调查家里父母或亲戚每月的话费情况，根据调查的结果，写一份合理的用卡建议书。

清代教育家颜元说过：“讲之功有限，习之功无已。”在教学过程中，我们不仅要重视课堂上知识的传授，更要重视“习行之功”，重视课外作业的设计布置，让学生能够很好地回顾所学知识。

二是课终依然要展望。

一节课的结束，并不代表学习的结束，课外是学生学习的广阔天地，所以教师应该开展丰富多彩的课外学习活动，让学生在玩乐中延伸知识、开阔视野、陶冶情操。

让学生展望知识的一种常见做法是让课的结尾能够余音绕梁、耐人寻味。例如，学完《狐狸和乌鸦》一课，一位教师让学生课后在小组里把它改编成课本剧，然后推选几组在班上演一演。学生在这一过程中通过回忆文本，加上合理想象，进而超越文本。其实，我们的很多教材都存在很大的空白和不确定性，这也是最令人回味的地方；又如《狐狸和乌鸦》的故事我们还可以让它再发展，“第二天，乌鸦又找到了一片肉，它们在一棵大树旁又相遇了……”由此让学生及时发挥想象续编故事。

让学生展望知识的另一种常见做法是让知识能够不断延续和伸展，如为学生补充一些寓知于趣的课外阅读，扩大学生的知识面。例如，诗歌《教我如何不想她》中的算术题，就能让学生在文理交融中感受到知识的妙不可言。

“天上飘着些微云，地上吹着些微风。啊！微风吹动了我头发，教我如何不想她？”“月光恋爱着海洋，海洋恋爱着月光。啊！这蜜也似的银夜，教我如何不想她？”……看到这些饱含真情、洋溢爱恋的诗句，你会油然而生美好温馨的浪漫情怀，甚至会有轻吟低唱的欲望。这正是一首脍炙人口的歌曲，它由刘半农作词，我国著名的音乐家赵元任谱曲，由于歌曲以情抒怀委婉动人，从 20 世纪 20 年代起，就被人们长久传唱。

如果你了解到这首歌曲的歌词是刘半农先生当年在英国首都伦敦写成的，你就会对作者思念祖国和怀旧的情感心领神会。而更值得一提的是，赵元任先生在哈佛大学获得哲学博士学位后，于 1920 年回国任清华大学数学、物理和心理学讲师，后来才赴法国、德国改行研究语言学，由此可见，当初赵元任先生与数学还是颇有渊源的。有趣的

```
              她
            想她
          不想她
        何不想她
      如何不想她
    我如何不想她
+)教我如何不想她
  何何何何何何何
```

是，就拿这首著名的歌曲来说，“教我如何不想她”也已经被人们改编为一道算术题（如右上图），被数学爱好者津津乐道。

这道算术题在日本权威的《数理科学》杂志发表后，很快就引起了人们的关注与兴趣，揭开这则别开生面算式谜底的数学推理，仍是决定吸引力的最大原因。只要我们运用一些简单的逻辑推理，就能深刻体会这一点。

首先可以判断，“她”不可能等于 0，否则个位上的“何”也为 0；同样“她”也不可能是 5，否则的话，“何”也会是 5，因为在加法算式中，个位上的“何”是由奇数个“她”相加得到的，这显然违反题意限制。当然，“她”也不能等于 1，否则，个位上的“何”就为 7，而十位上的“何”为 7 不可能由“想”的 6 倍得到。

此外，“她”又不能代表 7，因为 $7\times7=49$，于是，“何”$=9$，考虑到十位上的“何”必须加上进位 4，那么“想”的 6 倍的个位就必须等于 5，但这显然不可能。类似，可以排除 2，3，8，9，这样逐一排除的结果，“她”只有唯一的可能性，即等于 6，确定了“她”，也就意味着找到了解题“突破口”，下面我们只要顺藤摸瓜，便可以一一确定其他汉字表示的数字，答案如右图。

$$\begin{array}{r} 6 \\ 36 \\ 836 \\ 2836 \\ 72836 \\ 572836 \\ +)\ 1572836 \\ \hline 2222222 \end{array}$$

这算不算一个颇有意趣的算式呢？因为它的奇特之处不仅在于推断每个汉字代表数字的严谨推理，而且就从这首诗歌表面文字的表达上，你也能轻易看出其中的巧妙，从左到右，每行每次删除一个字后，尽管文字变得越来越短，但它们全都可以独立成句，这可不是任何一个句子都能做到的哟！了解了这些，相信你对这个算术题难免也会生出“教我如何不想她”的感触！

另外，一个学期的结束，也并不代表学习的结束，假期是学生学习的自由天地。许多人以为，学校之所以放假，是为了让师生们避开严寒酷暑，是因为教学活动的劳动强度太大。如果看了潘光旦 1930 年写的《假期与知识生活的解放》，我们会发现包括教育工作者在内的大多数人，其实并不了解学校为什么要放假。

该文一开头就说：“学问没有止境，也就不宜有长时期的间断。学校的暑假寒假，少则一月，多则三月，难道办教育和创制假期的人的本意，真要教人在这一个月或三个月之内完全停止学问工作么？我恐未必。”接下来潘先生指出：学校的最大缺点，就是过于重视教材，限制了学生自由研究的机会。他认为这种“专读一书”的单调和痛苦，比八股文还要严重。

正因为如此，潘先生认为假期是每一个学生“解除痛苦、恢复自由的上好机会”。同学们在假期一定要摆脱教师的阴影，去过一种独立自主的学习生活。他举例说，在自然知识方面，可以做一次有目的的远足，从事地质的观察和生物标本的采集；在社会知识方面，可以找一个小题目，然后利用图书馆的资料进行研究。

潘光旦先生为什么要把学校教育说得那么可怕呢？这与学校本身的缺陷有关。据说近代教育制度是工业文明的产物，所以，有人把学校比作工厂、把教室比作车间、把老师比作工人、把学生比作原料。这种“规模化生产”虽然有利于更多的人接受教育，却又出现了另外一些问题，其中主要是它不但不能照顾到每一个个体的身心发展、兴趣特长和特殊爱好，还可能把他们变成千人一面的工具。为了避免这种状况，创立现代教育制度的人们才在两个学期之间安排一个比较长的假期，目的是为了给学生更多的自由，让他们的个性和才华有一个成长发育的时间和天地。

在课外，在假期，除了书本阅读活动、课题研究活动和社会实践活动，网络是学生广泛猎取知识的信息库。美国加州大学洛杉矶分校的科学家通过研究发现，虽然人们担心数字时代会对大脑发育产生不利影响，但事实上网上冲浪可提高人的智商，增强记忆力。

该校研究人员把很少进行网上冲浪的中年人的大脑跟经验丰富的网络用户的大脑进行比较，这期间让他们每天要上网 1 小时。研究进行 5 天后发现，他们的前额皮层变得更加活跃了，该区域主要负责做决定和综合各种复杂的信息。加州大学洛杉矶分校的精神病学和生物行为学教授加里·斯马尔负责领导这项研究，他说："该研究显示，人类的平均智商正在随数字文化的进步而不断提高。迅速处理信息和同时执行多项任务而不出错的能力也在不断提高。"由此，适当让学生上网是延伸学习的一条不可缺少的途径。

延伸学生学习的好处不仅仅在于使他们获取更多的知识、练就更大的能力、赢得更好的成绩，更重要的是能够使其养成良好的习惯。一旦养成随时学习的习惯，学习将成为一种自觉。

美国作家杰克·霍吉曾写了一本书叫做《习惯的力量》，书中剖析了"习惯"在我们生活和事业中表现出来的强大力量，并告诉人们要如何利用这种力量，有效激发出每个人的潜能。在他看来，习惯就好比飞驰的列车，惯性常使你无法驻足地向前冲，而习惯正在左右着你前行的方向。

美国篮球运动员拉里·伯德曾率领波士顿凯尔特人队三次荣登总冠军的领奖台。平心而论，其实拉里也并非天赋禀异，早在加入 NBA 之前的少年时代，他每天早晨总要先练上 500 次三分投篮再去上学。长此以往，终于修成正果，成为 NBA 历史上最出色的三分球投手之一。

看来习惯的力量是如此之大，即便你没有很好的天赋，可一旦有了好的习惯，也必定会有所收益。一个好的习惯，甚至会改变我们的一生。按照心理学家的说法，"习惯"是人们潜意识的活动，它就好比电脑中的各种软件编程，一旦启动就无须你劳心费神，它会按既定的程序操作。有人曾统计过，一个人一天的行为中，大约只有 5%是属于非习惯性的，而剩下的 95%则都隶属于习惯性行为。英国教育家洛克说："习惯一旦养成之后，便用不着借助记忆，很容易很自然地就能发生作用了。"讲得也就是这个道理。

亚里士多德也在反复强调"卓越不是单一的举动，而是习惯"。曾经听过一种说法："改变一个习惯需要 21 天。"它其实是行为心理学上的一个研究结果：3周以上的重复会形成习惯；3个月以上的重复便会形成稳固的习惯。它只是在提醒我们，要行动起来，才会利用习惯的力量把生命之舟推向成功的彼岸。正如心理学巨匠威廉·詹姆士所说：“播下一个行动，收获一种习惯；播下一种习惯，收获一种性格；播下一种性格，收获一种命运。”

【案例】认真的长度

在韩国的一所中学里，有这样一位老师：他每天要求学生将自己当日所学课程从头至尾抄写8遍，而自己很少对这项作业进行检查。刚开始全班同学都很积极地去完成，但后来大家渐渐地松懈下来，有的同学每天只写三四遍敷衍了事，甚至有更胆大的同学则是得知老师要来检查时才匆匆赶写应付。

转眼到了期末，老师突然决定对整个学期的作业进行全面检查，结果发现全班只有一个人是从头到尾、一丝不苟、不折不扣地完成了那份枯燥的作业，这个人就是现任联合国秘书长——潘基文。

潘基文虽然也知道这份作业非常枯燥，但在抄写作业的过程中，他发现每抄写一遍自己对所学知识都会有新的认识和更深的理解，并在一遍遍的重复中逐渐熟悉和充实。于是他不再把这份作业当作枯燥的任务，而是领悟到了人生其实也是一所学校，命运会为我们布置一份份简单重复的作业。靠着这种认真完成作业的态度，他成就了人生的传奇。

综上所述，“课终”不一定“人散”，因为课终不代表知识的终结，课终不代表学习的总结，课终不代表生命的终结，所以，人不一定要散，时时处处依然是学生，心不一定要散，时时处处依然能学习。